基于深度学习的阅读眼动模型构建与应用

王晓明　著

陕西新华出版
陕西科学技术出版社
Shaanxi Science and Technology Press
西安

图书在版编目(CIP)数据

基于深度学习的阅读眼动模型构建与应用 / 王晓明著．—西安：陕西科学技术出版社，2023.9

ISBN 978-7-5369-8699-2

Ⅰ．①基… Ⅱ．①王… Ⅲ．①认知语言学—研究 Ⅳ．①H0-06

中国国家版本馆 CIP 数据核字(2023)第 074819 号

基于深度学习的阅读眼动模型构建与应用

JIYU SHENDU XUEXI DE YUEDU YANDONG MOXING GOUJIAN YU YINGYONG

王晓明 著

责任编辑 潘晓洁
封面设计 曾 珂

出 版 者 陕西科学技术出版社
西安市曲江新区登高路 1388 号陕西新华出版传媒产业大厦 B 座
电话(029)81205187 传真(029)81205155 邮编 710061
http://www.snstp.com
发 行 者 陕西科学技术出版社
电话(029)81205180 81206809
印 刷 广东虎彩云印刷有限公司
规 格 710mm×1000mm 16 开本
印 张 10.5
字 数 172 千字
版 次 2023 年 9 月第 1 版
2023 年 9 月第 1 次印刷
书 号 ISBN 978-7-5369-8699-2
定 价 68.00 元

作者简介

王晓明，工学博士，现为西安外国语大学副教授，研究生导师。硕士毕业于西南大学计算机与信息科学学院(软件学院)，博士毕业于西北工业大学计算机学院，长期从事智能语言测评、语言认知计算、计算话语分析、计算语言学、人工智能和大数据应用等领域的研究，主持并完成教育部社科项目、陕西省社科基金等多项省部级课题，发表 SCI、SSCI、EI、CSCD 检索论文十余篇。主讲多门本科生和研究生课程，如计算语言学、计算话语分析前沿、人工智能与自然语言处理等。

有多年的软件开发和项目管理经验，精通 C＋＋和 Java 编程语言，曾在知名软件公司担任软件设计师工作，负责协调团队进行商业智能、图像处理、数据库与信息管理系统软件的研发和维护，对人工智能、语言大数据分析、机器学习等前沿技术有深入的了解和实践经验。

目前致力于个体阅读眼动预测和眼动身份识别研究，代表性论文《基于深度神经网络的个体阅读眼动预测》刊载于《清华大学学报(自然科学版)》、《Deep－learning－based reading eye－movement analysis for aiding biometric recognition》刊载于 *Neurocomputing*。

担任多个国际学术期刊和国际学术会议审稿人，并多次受邀参加国内外学术会议做特邀报告，在学术界和工业界都有广泛的合作和交流。

前　言

人类的语言认知过程是可以被计算的吗？我们知道，语言只是信息传递的载体，无论是美索不达米亚文明的楔形文字，还是罗塞塔石碑上的古埃及象形文字，亦或是刻在龟甲和兽骨上的甲骨文，它们只是承载信息的不同记录符号而已。语言背后的本质是信息，因此，语言研究可以借鉴信息论的方法。从信息论和通讯工程角度来看，语言的认知过程是人接收到语言信息之后的解码过程，这个过程是内隐的，不能直接观测和量化，只能通过采集人的一些生理和行为信号去间接地研究它，如脑电、眼动。阅读眼动是人在阅读文字时的眼球运动行为，由一系列注视和眼跳组成，是人类语言认知过程的外显。当前，人的认知行为研究方兴未艾，而阅读眼动建模是语言认知科学的研究热点。从研究角度看，进行阅读眼动模型构建研究，会促进语言认知科学和阅读行为科学的发展；从应用角度看，阅读眼动可计算模型在机器视觉、自然语言处理、身份识别等领域都有重要的应用价值。

针对现有阅读眼动模型建模方法复杂、所需特征较多、学习数据缺乏的问题，本书做了以下探讨：①突破传统阅读眼动模型注视粒度处理和回视处理模式，提出阅读眼动注视序列标注方法，以构建简单模型；②借鉴认知心理学相关研究成果提取有效的语言学特征，并利用深度学习自动提取特征的优势，以减少模型的手工提取特征；③借鉴应用语言学相关研究成果进行阅读眼动数据增强，并使用预训练词向量等方法，以解决小样本数据下的深度学习问题。本书以深度学习理论、自然语言处理理论、语言认知计算理论为核心，构建新型阅读眼动可计算模型，从而更准确地模拟人的阅读眼动行为，并探讨模型在阅读眼动注视词预测和生物特征识别中的应用。

本书的研究属于交叉学科，涵盖计算机科学、应用语言学、认知心理学，主要研究工作和结论如下：

(1)提出了一种基于语言序列标注的阅读眼动注视序列标注方法。首先，介绍了自然语言序列标注任务，分析了阅读眼动注视序列标注与自然语言序列标注之间的高度相似性，提出了基于单词的阅读眼动注视粒度处理模式和基于熟练读者的阅读眼动回视处理模式，形成了阅读眼动注视序列标注方法，从而把复杂的阅读眼动建模过程转化成了简单的语言序列标注过程。其次，给出了阅读眼动注视序列标注方法的具体描述和形式化描述，以及该方法的评价指标。最后，应用隐马尔可夫模型、最大熵马尔科夫模型和条件随机场模型分别实现了阅读眼动注视序列标注方法。实验结果表明，阅读眼动注视序列标注方法可以较直观地描述阅读眼动的实际过程，并容易通过机器学习模型实现。

(2)提出了一种基于深度学习的阅读眼动模型。首先，以自然语言序列标注任务深度学习经典模型和阅读眼动注视序列标注方法为基础，构建基于深度学习的阅读眼动模型基本架构。其次，通过使用预训练词向量和语言数据一维卷积以构造阅读词的富语义表示；通过融入注意力机制以构建更符合人类阅读行为的词-眼序列解码模式；通过使用与上下文无关的标注分类器以简化序列标注任务深度学习经典模型；通过分析小样本阅读眼动数据下的模型输出结果统计方差与均值，以确定最优的堆叠式 LSTM 层数；通过使用多输入深度学习架构以融合阅读眼动领域知识。实验结果表明，所提出的模型利用了深度学习自动提取特征的优势，并借鉴了认知心理学相关研究成果提取了有效的语言学特征，使用较少手工提取特征就能取得较高的准确度。

(3)应用所提出的模型进行阅读注视词预测。首先，介绍了实验所用的 3 个眼动语料库以及学习数据、测试数据的划分方法。其次，使用学习数据训练所提出的基于深度学习的阅读眼动模型，以预测读者在未见文本(测试集)上的注视词，并分别考察了词性、词长、可预测性等语言学特征对预测准确度的影响，证明了词长等低级视觉因素对阅读眼动的影响最为显著。最后，通过对比现有的阅读注视词预测方法，证明了所提出的基于深度学习的阅读眼动模型在预测阅读注视词任务上的先进性和有效性。此外，为了满足深度学习对训练数据量的需求，还提出了一种有效的基于近义词替换的阅读眼动数据增强方法，并证明了同词长近义词替换优于同词性近义词替换。

(4)应用所提出的模型进行阅读眼动生物特征识别。首先，分析了现有眼动识别技术的不足之处，即没有考虑刺激物本身的特征，仅基于眼动轨迹相似性度量，使用的眼动特征较多。其次，通过引入所提出的基于深度学习的阅读眼动模型，提出一种基于阅读眼动的生物特征识别方法。该方法把文本序列、文本语言学特征序列作为输入，使用所提出的模型生成预测的注视序列，通过度量预测的注视序列和实际的(待识别)注视序列之间的相似性距离识别被试身份。该方法对人工提取特征的依赖性较小，对数据预处理的要求也较低，具有一定的工业和工程应用价值。实验结果表明，注视序列相似性识别算法在 Provo 和 GECO 数据集上分别获得 19.4%和 20.59%的等误率，所提出的基于阅读眼动的生物特征识别方法在 Provo 和 GECO 测试集上分别获得 86.5%和 85.23%的 Rank－1 识别率。

本书适合于从事阅读心理学和认知语言学研究的人。通过本书所构建的新型阅读眼动可计算模型，可以定量分析阅读行为和评价已有模型，对影响读者的眼跳模式和眼跳策略的语言学特征进行定量研究，为验证、修正和反驳现有理论假设提供有力的证据。

本书适合于从事计算机科学和机器视觉研究的人。本书是机器学习的应用研究，是深度学习融合领域知识的一次有益实践，使用较少的手工提取特征，就能使模型获得较好的性能，这在机器视觉、自然语言处理、虚拟现实、身份识别、智能化测评等领域都有重要的应用价值。

本书适合于从事计算语言学和语料库语言学研究的人。本书所提出的阅读眼动注视序列标注方法，是语言序列标注这一经典计算语言学问题的延伸，研究人员可以仿照本书把复杂语言处理过程转化成简单的语言序列标注过程，对其他问题做进一步研究探讨。本书所提出的语言数据增强方法，对于语料库语言学研究者在语料库扩容方面的研究，也是一个很好的借鉴。

在此书的撰写过程中，一直得到恩师赵歆波教授，西北工业大学张艳宁教授、郑江滨教授、王庆教授、李映教授、夏勇教授，天津师范大学心理与行为研究院白学军教授和闫国利教授，西安电子科技大学苗启广教授，陕西师范大学刘侍刚教授，西北大学彭进业教授，南昌航空大学陈震教授，中国科学院空天信息创新研究院赵忠明研究员的学术指导。同时，西北工业大学计算机学院和空天地海一体化大数据应用技术国家工程实验室提供了一流的实验平台，西安外国语大学提供了优秀的语言研究资源，非常感谢相关专家、领导和同行的支持与帮助。

本书成稿出版期间，陕西科学技术出版社以及潘晓洁编辑团队在每一个阶段都倾注了大量心血，在此特别感谢他们的工作。

本书得到国家自然科学基金面上项目“第一人称视觉下的视觉事件理解”（编号：61871326），教育部社科一般项目“中文阅读眼动追踪语料库构建及眼跳目标动态预测研究”（编号：18YJCZH180）和陕西省社科基金一般项目“眼动智能技术赋能思政课教学效果评价研究”（编号：2023P005）资助，在此一并感谢。

尽管我对此书花费了很多精力和时间，但不妥和疏误在所难免，敬请读者和专家们批评指正。

西安外国语大学
王晓明
2023 年 2 月

目　录

第1章 绪 论

1.1 研究目的与意义

阅读眼动(eye-movement)指人类在阅读文字时的眼球运动行为，由一系列的注视(fixation)和眼跳(saccade)组成。本书通过构建基于深度学习的阅读眼动可计算模型，解决现有阅读眼动模型建模过程较复杂和需要较多手工提取特征的问题，从而更准确地模拟人的阅读眼动行为。通过应用所提出的模型进行阅读眼动注视词预测和基于阅读眼动的生物特征识别，进一步验证模型的先进性和有效性。

本书的研究意义如下：

(1)阅读眼动建模是语言认知科学的研究热点，通过构建新型阅读眼动可计算模型，可以定量分析阅读行为和评价已有模型，为验证、修正和反驳现有理论假设提供有力的证据。

(2)通过构建阅读眼动可计算模型，对影响读者眼跳模式和眼跳策略的语言学特征进行定量研究，考察阅读背后的认知机制以及眼跳目标选择机制，会促进语言认知科学和阅读行为科学的发展。

(3)构建基于深度学习的阅读眼动模型，可以借鉴深度学习和自然语言处理已有研究成果，利用深度学习自动提取特征的优势，以减少使用手工提取特征；利用自然语言序列标注与阅读眼动注视序列的高度相似性，以简化阅读眼动建模过程。

(4)基于深度学习的阅读眼动计算模型在机器视觉、自然语言处理、虚拟现实、身份识别等领域都有重要的应用价值。

1.2 国内外研究概况

本书的研究涉及视觉神经生理学、认知心理学、应用语言学、人工智能等学科领域，相关研究主要集中在以下几个方面。

1.2.1 眼动的生理学原理

视觉系统作为人类神经系统的一个组成部分，承担了80%的信息获取量。视觉系统通过人眼接受可见光的刺激，经视网膜感光细胞和中枢神经编码加工和分析后获得主观感觉。视网膜是眼球后的非常薄的细胞层，是眼睛的一部分，负责将光转换为神经信号。在形态形成的过程中，视网膜和视神经是从脑中延伸出来的。视网膜在组织学上分为10层[1]，人类视网膜垂直切片的显微照片显示各类细胞分层清楚，排列有序，这是视网膜细胞结构的显著特点。

光在经过眼球的光学介质(角膜、晶状体、玻璃体)后要通过其他各层神经细胞，才最后到达光感受器——这是视网膜中唯一对光敏感的细胞。光感受器按其细胞外段呈杆形或锥形，可分为视杆细胞和视锥细胞[2]，统称为视细胞。视锥细胞主司昼光觉，有色觉，光敏感性差，但视敏度高；视杆细胞对暗光敏感，故光敏感度较高，但分辨能力差，在弱光下只能看到物体粗略的轮廓，并且视物无色觉。

视杆细胞主要分布在视网膜中心周围，人类视网膜平均有约1亿2500万个视杆细胞。[3]1个光子就足以激发视杆细胞的活动，它对单个光子的敏感程度是视锥细胞的100多倍。也因此视杆细胞建立人类在夜晚最基本的视觉——暗视觉。视锥细胞则需要数十到上百个光子的激发。视网膜上的视锥细胞有600万～700万个，主要分布在黄斑(macular)区。黄斑是人眼视网膜中央附近一卵圆形染色区域，直径约5.5mm。视网膜在黄斑区的呈凹陷状态，形成中央凹(foveal)。黄斑之中的中央凹和黄斑凹都含有高密度的视锥细胞。黄斑的结构特点是高敏锐度视力的基础，这种结构特点有助于改善视网膜成像的清晰度，提高空间分辨能力。

一般来说，人的视觉区域中，中央凹视觉区才能够提供高清晰的视觉，处在这个区域内的景物才可以被人看清楚，其他区域的景物都是模糊的。而这个能够提供高清晰视觉的中央凹区域仅覆盖了有限的约2°的视觉区域，相当于人在正常伸展手臂时的距离下，仅能看清一个指甲盖区域的范围。

为了能够看清楚视野范围内的所有景物，人眼需要通过连续转动，以便将中央凹视觉区对准感兴趣的区域，这就是眼动的生理学原理。眼睛运动的速度非常快，人们不会意识到，但心理学家100多年来已经做了无数的实验确认了这个运动的细节。

1.2.2 眼动追踪(eye tracking)技术

眼动追踪是指通过测量眼睛注视点的位置实现对眼球运动(eye-movements)的追踪。人们在阅读时,注视点并非平滑地划过所有文字,而是由注视(fixation)和眼跳(saccade)组成。[4]一般注视的时间大于100ms,典型的注视只持续1/10~1/2s。

眼动轨迹图描述的是读者阅读文字时的眼睛运动轨迹,一般用圆点表示注视,用线及箭头表示眼跳方向,如图1-1所示,这样在眼动轨迹图中,研究者既可以看到注视又可以看到眼跳。

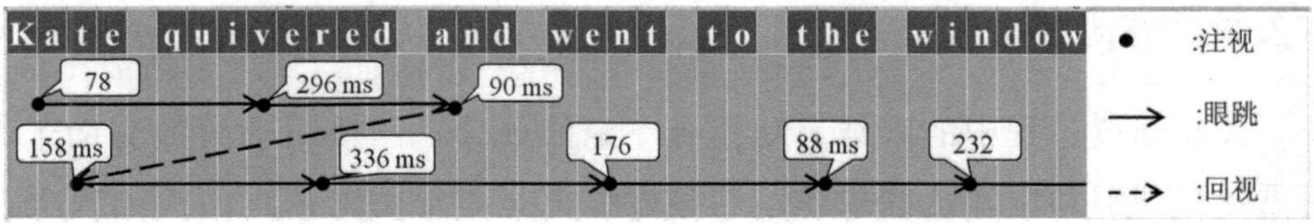

图1-1 阅读眼动轨迹图

通过以上的眼动生理学原理介绍可知,只有当文字处于中央凹视觉区的时候,文字的内容才能够被人看清楚,进而理解文字的内容。所以,在阅读眼动实验中,研究者往往只关心阅读的注视点。人在阅读时,注视点所能涵盖的范围一般只有1~2个单词,称为知觉广度。在知觉广度范围内的文字通常是读者能够集中注意加工的区域。在保持眼睛静止不动的状态下,阅读注视点以外的文字是非常困难的。

眼动追踪技术经历了长期的发展才逐渐成熟。过去,眼动追踪测量要在被试者的眼球上固定某些东西,因此测量方法非常烦琐。随着技术的不断进步,现代眼动仪(eye tracker)使用巧妙的方法测量人的眼球运动,进行眼动追踪。这个巧妙的方法是通过从被试者的眼部反射回一束不可见的红外线进行测量。这一原理也比较容易理解,眼球内的视网膜吸收可见光,反射红外线,因此视网膜与眼睛的其他部分相比能更好地反射红外线。这样,现代眼动仪不需要进行特别的图像识别便能确定瞳孔的位置。由于眼动方向测量的准确性取决于瞳孔的清晰分界(和检测)以及角膜反射的检测,因此需要红外光源辅助。普通光源(使用普通相机)无法提供足够的对比度,这意味着没有红外光很难获得适当的精度。可见光谱的光很可能产生不受控制的镜面反射，而红外光可以使瞳孔和虹膜精确区分，而光直接进入瞳孔时，它只是从虹膜“反弹”。另外，由于红外光对于人类是不可见的，因此在追踪眼睛时不会引起任何干扰。瞳孔中心和角膜反射之间的向量可用于计算表面或凝视方向上的视点。在使用眼动仪之前，通常需要对个人进行简单的校准。

眼动仪的使用已经令眼动数据采集过程变得非常简单，它提供了对人类行为的独特见解，并促进了各种设备中的自然用户界面。基于屏幕的设备要求受访者坐在监视器前，并与基于屏幕的内容进行交互。尽管这些设备仅在特定限制内跟踪眼睛，但移动自由度仍然足够大，以使受访者相对不受限制(至少保证在观看基于屏幕的刺激时能正常移动)。

1.2.3 阅读眼动模型

人在阅读过程中的眼球运动具有一定的规律，阅读眼动模型有助于人们更好地理解和认知这些规律。这些模型把文本作为输入，生成与人类阅读行为近似的注视时间和注视位置。本书将阅读眼动模型的研究分为5大类：

(1)基于认知注意力转移的阅读眼动模型。

阅读眼动模型最早在认知心理学领域中被提出，研究者一直在探索，读者的眼睛运动行为究竟是由低水平的眼球运动策略控制，还是由认知加工过程控制。根据大量的实验数据，研究人员根据受试者的平均水平提出了多种眼动模型，包括初级眼球控制模型和认知控制模型。[5]

初级眼球控制模型强调初级的视觉因素(如词长和词间空格等)或者读者眼跳系统本身的特点(如眼跳距离和眼跳起始时间等)在读者的阅读过程中起决定作用，认知控制模型则强调词汇和词汇加工在读者的阅读过程中起重要作用。

根据注意资源在词汇上的分布模式，认知控制模型又可以分为两大类：序列加工模型和并列加工模型。序列加工(又被称为串行加工)模型强调读者在阅读过程中，其注意资源的分配转移和词汇加工遵循序列加工模式，即处于知觉广度范围内的单词是序列加工的，读者识别完单词 n，然后才有可能去识别单词 n+1。并列加工(又被称为并行加工)模型则认为，读者在阅读过程中的注意资源是平均分配到处于知觉广度范围内的所有单词上的，处于知觉广度范围内的单词可以同时加工。序列加工模型的代表是 Morrison 模型[6]、E－Z 读者(easy－rider reader，E－Z Reader)模型[7,8]，并列加工模型的代表是 SWIFT 模型[9,10]、Glenmore 模型。[11]其中，E－Z 读者模型已经发展为比较经典的认知模型，尤其是在解释拼音文字的眼动研究方面有较大的优势。

2018 年，SNELL 等人[12]提出了 OB1 读者模型，该模型的主要特征如下：①对多个单词进行并行处理，并通过大小合适的注意窗口进行调制；②对表示两对字母及其相对位置的开放二元组节点的输入进行编码；③根据组成的二元组活动，与其他单词表示的竞争和上下文可预测性激活单词表示；④将激活的单词映射到一个时空的句子级表示形式，以跟踪单词顺序；⑤眼跳计划，眼跳目标取决于周围单词单元的长度和激活，并且眼跳开始受到单词识别的影响。

(2)基于视觉神经生理参数估计的阅读眼动模型。

TWEED 等人[13]通过对一维局部反馈模型(the one dimensional local feedback model)的扩展和修正，建立了眼跳的产生模型，提出视觉系统将目标位置存储在惯性坐标系中，而引导眼跳的反馈回路在视网膜坐标系中工作。当眼外肌的力量不相等时，要产生眼跳轨迹，就需要向运动神经元输入一个爆发性张力细胞(a burst－tonic cell)。该模型通过允许同时激活多个比较器解释上丘和额叶的两点刺激的结果。

DAI 等人[14]于 2017 年提出了眼跳波形的参数模型(a parametric model for saccade waveforms)。在眼跳过程中，当眼睛将焦点从一个感兴趣的对象移动到另一个对象时，它会从一个角度旋转到另一个角度。角度作为时间的函数(随着眼睛的旋转)呈现出特定的波形，所提出的参数扫视波形模型产生相似的波形，从而模仿了自然眼动行为。该模型具有 5 个参数，每个参数具有不同的含义，可用于模拟不同形状和大小的眼跳波形。为了测量和比较眼跳检测算法的性能，作者计算了 F1 分数。4 种眼跳检测算法表现出明显不同的性能特征，特别是在存在噪声的情况下。

KRUCHININA 等人[15]把眼动视作弹道运动(ballistic)，构建了 3 个连续优化假设下的眼动最优控制(the optimal control)模型。模型包括眼外肌施加的合力力矩，激动剂-拮抗物对任意一块肌肉施加的单个力矩以及最终这些力矩的变化率。这种方法与生理学家所持的观点是一致的。生理学家认为，眼跳是在眼球运动开始之前由中枢神经系统编程的，并且在运动期间本身几乎不会进行调节。作者把通过运动最优控制模型获得的眼跳序列与发表的实验结果进行了比较，得到了非常吻合的结果。

ISKANDER 等人[16]提出了两个易于整合到可用的肌肉骨骼模型中的生物力学眼动模型。所提出的模型基于人眼的生理和运动学特性，它们将眼球、眼眶悬吊组织和 6 块肌肉与结缔组织(滑轮)结合在一起。滑轮合并在直肌和下斜肌中。提出的两个模型是被动滑轮模型和主动滑轮模型。对包括注视、眼跳和平滑尾随在内的不同眼动进行动态仿真，以验证两个模型。仿真结果表明，所提出的模型适合于产生眼动仿真，其结果可与其他肌肉骨骼模型相媲美。对于被动和主动滑轮模型，最大运动学均方根误差(RMSE)分别为 5.68°和 4.35°。

(3)基于语言概率推理的阅读眼动模型。

研究者从应用语言学角度提出了对句子的同一性进行语言概率推理的模型，将语言模型与来自真实视觉输入模型的关于字母同一性的噪声信息结合起来，根据模型在何处不确定句子的同一性的信息，确定当前注视位置和下一个注视位置。

第一个概率语言模型是 Mr. Chips 模型。[17] Mr. Chips 模型基于最小化当前单词恒等式分布中的期望熵的原则，给出了眼跳目标阅读文本的最佳顺序。但是，它使用 unigram 模型作为其语言模型，因此无法使用语言环境中的任何信息来帮助单词识别；只有在对当前单词进行明确标识之后，眼跳才继续移至下一个单词。而有实验证据表明，读者对该单词的识别存在一定的不确定性。LEGGE 等人[18]在后续的研究中扩展了 Mr. Chips 模型，以消除这两个限制，并证明了所得模型与人类实际情况更紧密匹配。

2006 年，Laurent[19]提出了眼动行为是对阅读任务特定约束的自适应反应的方式，使用了非常简单的单词识别功能，识别单词所需的时间仅取决于其长度和眼睛的相对位置。为了检验该假设，使用强化学习来使人工“代理”学会移动眼睛以尽可能有效地阅读。实验结果表明，所模拟的眼睛运动的结果模式类似于熟练的读者。

2010 年，BICKNELL 等人[20]提出了一种基于概率语言信息(probabilistic linguistic information)的阅读眼动控制模型，其核心假设是眼动决策是为了获得噪声视觉信息(noisy visual information)，而读者可以利用噪声视觉信息对句子的形式和结构进行贝叶斯推理。具体来说，所提出的模型通过执行贝叶斯推理来识别句子中的单词，该推理将来自现实视觉模型的噪声输入与考虑了上下文的语言模型相结合。

2012 年，BICKNELL[21]通过提出理解阅读中眼动控制的框架来解释语言变量对眼动的影响，其中概率语言知识起着至关重要的作用。具体而言，阅读的任务被视为句子识别任务：读者移动眼睛以有效地获得视觉输入，他们通过贝叶斯推理将其与概率语言知识结合起来，以产生关于句子形式和结构的后验信念。在此框架内使用实现的模型进行的仿真表明，可以给阅读行为提供很多方面的原则性解释，包括许多语言变量的影响。此外，该框架对阅读眼动的回视提出了新颖的解释。

(4)基于概率图模型的阅读眼动模型。

1991 年，RIMEY 等人[22]研究了隐马可夫模型(HMM)在视觉信息获取中的用途，使用输入序列来得出用于控制视觉处理的有限状态机，通过使用 HMM 增强版本的生成功能实现：①实施可在短时间和长时间尺度上自行修改的视觉信息收集技能；②信息融合以通过结合使用与高级视觉的链接将单独获得的技能转换为更复杂的技能。

2009 年，NILSSON 等人[23]提出了一种基于转换的模型(a transition-based model)来预测文本中的哪些单词被读者注视，模型使用了 logistic 回归分类器和一组非常有限的眼动特征。作者测试了 10 名被试的注视准确度，得分最高的准确度为 78.9%，得分最低的准确度为 56.6%。所提出的模型被认为是第一个使用机器学习对阅读眼动进行预测的模型。

2011 年，NILSSON 等人[24]基于计算测试样本相对于模型的熵而不是 argmax 预测的准确性的思想，提出了一种评估阅读中眼动控制概率模型的新颖方法。作者将熵的概念与概率眼跳模型相关联，并展示如何将基于熵的量度应用于评估此类模型，类似于在自然语言处理应用中如何评估语言模型。为了演示该方法，提出了针对扫视的概率模型，并针对大型眼动追踪语料库进行了评估。

2012 年，HARA 等人[25]使用词法特征和屏幕位置特征，用条件随机场(CRF)模型来预测注视词，该模型的预测精度介于 73%～84%之间。此外，当关注被试在每个单词上的注视/眼跳行为分布时，预测分布与观察分布的总相似度为 0.9462，这表明有可能从眼跳数据中获得读者的阅读策略。

2013 年，MATTIES 等人[26]在 HARA 的基础上，使用线性 CRF 来模拟阅读时的眼球运动，只使用单词长度和单词的对数概率，而不是使用单词形式、词性等。该模型反映了一个假设，即眼球运动在很大程度上不受语义内容的影响，眼球运动取决于单词的物理性质和频率，注视时间之间存在顺序依赖关系。

2016 年，KIT 等人[27]使用移动眼动仪记录了 8 名被试的眼球运动，让被试执行了 5 项任务，仅使用眼动方向和幅度时间序列数据，为每个任务训练了一个隐马尔可夫模型，并通过计算每个模型可以生成眼动序列的概率来对未标记数据进行分类。

(5)基于神经网络的阅读眼动模型。

2016 年，HAHN 等人[28]提出了一种新颖的方法，该方法使用一种无监督的体系结构对阅读眼动进行建模。该体系将神经注意力与自动编码相结合，并使用强化学习对原始文本进行了训练。所提出的模型将人类的阅读行为解释为语言理解的准确性(准确地编码输入)和注意的经济性(尽可能少地注视单词)之间的折衷。

2017 年，YU 等人[29]提出了一种在需要时跳过不相关信息的同时阅读文本的方法。底层模型是一个递归网络(RNN)，该网络在阅读输入文本的几个单词后即可学习跳多远。作者采用标准的策略梯度方法来训练模型，以做出离散的眼跳决策。

2019 年，VRIES[30]提出了一种词汇认知计算模型，该模型通过模拟词汇预测过程来解释单个单词的词汇加工之间的差异。模拟是用 2 个独立的认知似然计算模型来完成的。实验结果表明，基于递归神经网络(RNN)的模型预测比基于 Rescorla - Wagner 的模型更符合人类预测过程。

2019 年，ELSAYED[31]在所提出的眼动模型中，直接在原始眼动数据上训练深度神经网络，并引入了一个称为分位数层(quantile layer)的参数化且端对端可学习的统计聚合层，该分位数层使网络能够明确地拟合过滤器激活的分布。

2020 年，JOTHI 等人[32]提出了一种使用阅读眼动模型来识别阅读障碍的方法。所提出的模型使用平均注视次数、平均注视持续时间、平均扫视运动持续时间、扫视运动总次数和平均注视次数特征，使用深度学习和 SVM 混合模型预测阅读注视。

1.2.4 影响阅读眼动的语言学因素

国外研究者很早就开展了大量以拼音文字(尤其是英文)为实验材料的

研究，研究内容比较丰富，取得的研究结论和结果比较一致。具体研究有：当前注视词和注视点右侧单词词长的作用[33－35]、有词间空格和无有词间空格的拼音文字的研究[36,37]、无词间空格的拼音文字的研究[38,39]、正字法熟悉性[40,41]、可预测性[42,43]、词频[44,45]、年龄特征与个体差异[46,47]。

在研究拼音文字的阅读眼动现象时，研究者们发现，被试的眼动主要受词长和词间空格等低级视觉因素影响，但也不能排除词频、单词可预测性、语义等高水平语言因素的影响。

以中文为实验材料的阅读注视位置效应研究仍处于起步阶段，主要研究集中在：是否存在偏向注视位置[48－51]、字长和字号的作用[52－55]、词频和可预测性的作用[56－59]、年龄和阅读能力的作用[60－62]。

1.2.5　深度学习理论

近年来，深度学习在各个领域取得了令人瞩目的成功[63]。它不仅提高了计算机视觉[64]和自然语言处理[65]等各个领域最先进方法的性能，还使机器能够在特定任务中实现人类水平的智能。大多数现代深度学习模型都基于人工神经网络。

“深度学习”中的“深度”一词是指数据转换所经过的层数。尚无公认的深度阈值将浅层学习与深度学习区分开，但大多数研究人员都同意深度学习涉及的深度大于 2。深度大于 2 的神经网络可以模拟任何函数[66]。与浅层模型相比，深层模型能够提取更好的特征，因此，额外的层数有助于提取有效的学习特征。

深度神经网络(deep neural network，DNN)是在输入和输出层之间具有多层的人工神经网络(artificial neural networks，ANN)。无论是线性关系还是非线性关系，DNN 都会找到正确的数学运算将输入转换为输出。网络遍历各层，计算每个输出的概率。例如，经过训练可识别狗的品种的 DNN 将遍历给定图像，并计算图像中的狗是特定品种的概率。用户可以查看结果，选择网络应显示的概率(超过特定阈值等)并返回建议的标签。

深度学习将所需的复杂映射分解为一系列嵌套的简单映射(每个由模型的不同层描述)来解决从原始感官输入到对象标识的映射这一难题。输入展示在可见层(visible layer)，然后是一系列从输入中提取越来越多抽象特征的隐藏层(hidden layer)。

1.2.6 阅读眼动语料库

本书基于已有的数据集开展研究，研究对象是拼音文字和被试阅读拼音文字时的眼动数据。本书把阅读眼动建模任务看作语言序列标注任务，其本质是自然语言处理问题，因此需要用到文本的语言学信息，所以使用一种特殊的数据集——语料库(corpus)，开展所提出的研究。

阅读眼动追踪语料库(eye tracking corpus)是一种由语言学家和心理学家构建的多模态语料库[67]，包含了精心挑选过的语料、文字(语料)的部分语言学属性，以及若干被试阅读这些语料时的各项眼动指标[68]。

已建成的较有影响力的阅读眼动数据集：①大部分以拼音文字为语料，语种以英语居多，还有少量的法语、德语、荷兰语语种的语料；②数据规模较小，多为仅含几千个单词或几万个单词的小样本数据。而自然语言处理常用的数据集一般都是百万词规模，例如命名实体识别(named entity recognition，NER)任务常见公开数据集 CoNLL 2003 英文部分含有 1700 万个单词，德语部分含有 1400 万个单词。

1.3 相关研究述评及发展趋势

相关研究简评：

(1)视觉神经生理学相关研究解释了阅读眼动产生的机理，眼动追踪技术为量化记录阅读眼动行为提供了实验手段，这些都是开展本书研究的理论基础(本章 1.2.1 和 1.2.2)。

(2)现有阅读眼动模型从不同的学科角度描述阅读眼动过程，但建模方法普遍较复杂，模型所需特征较多(本章 1.2.3)。

(3)语言学和心理学领域的有关阅读眼动注视位置效应相关研究成果可以为模型的特征选择提供理论依据(本章 1.2.4)。

(4)深度学习具有自动提取特征的优势，在许多非线性计算问题上都取得了成功，这些问题涵盖了图像处理、自然语言处理、数据科学等不同领域(本章 1.2.5)。

(5)阅读眼动基础数据量不大，如果在其基础上进行深度学习需要进行有效的数据增强和数据预处理，以解决小样本下的机器学习问题(本章 1.2.6)。

相关研究发展趋势：

(1)学科交叉研究成果丰硕。

随着现代科学发展的综合化趋势，许多学科在交叉融合过程中不断演化，一些重大科技创新和突破需要多个学科的学者联合攻关，了解各自领域框架内存在的问题，突破传统学科规范，取得更具启发性的成果。阅读眼动建模是一个典型的交叉学科研究，建模的框架属于计算机科学研究范畴，阅读眼动注视位置效应属于认知心理学研究范畴，影响阅读眼动的语言学因素考察和阅读眼动语料库属于应用语言学研究范畴，阅读眼动的机理属于视觉神经生理学研究范畴。只有将多学科的知识和研究方法结合起来，这些研究方向才能取得成功，从而产生出丰硕的研究成果。

(2)深度学习应用遍地开花。

深度学习在建模的过程中通过特征表示融入了特征学习，这样可以避免人为设计特征的不完备性，从而建立一种机器自动提取特征、自动学习的工作模式。目前，以深度学习为核心的某些机器学习应用，识别或分类性能已超越现有算法。由于其出色的性能，使深度学习在计算机视觉、自然语言处理等诸多领域中的应用正在遍地开花。尽管深度学习对训练数据量要求较大，而目前缺乏较充足的阅读眼动语料，但可以通过使用预训练词向量和数据增强技术以解决训练数据不足的问题。

(3)行为特征研究方兴未艾。

人类的行为特征如签名、语音、行走步态、阅读眼动等，由人的意识和习惯驱动，没有物理实体，很难被盗取，这使其在身份认证领域具有潜力。此外，行为特征是人类认知过程的外显，行为特征的量化研究是揭示人类认知过程的重要手段，阅读眼动建模是语言认知科学的研究热点，这方面的理论和应用研究也日趋盛行。

1.4 研究内容

1.4.1 研究框架

本书通过构建基于深度学习的阅读眼动可计算模型，解决现有阅读眼动模型较复杂、模型所需特征较多、阅读眼动数据不足的问题。本书特点：①突破传统阅读眼动模型注视粒度处理和回视处理模式，提出阅读眼动序列标注方法，以构建简单模型；②借鉴认知心理学相关研究成果提取有效的语言学特征，并利用深度学习自动提取特征的优势，以减少模型的手工提取特征；③借鉴应用语言学相关研究成果进行阅读眼动数据增强，并使用预训练词向量等方法，以解决小样本下的机器学习问题。本书以深度学习理论、自然语言处理理论、语言认知计算理论为核心，构建新型阅读眼动可计算模型，从而更准确地模拟人的阅读眼动行为，并探讨模型在阅读眼动注视词预测和生物特征识别中的应用。本书的研究框架如图 1－2 所示。

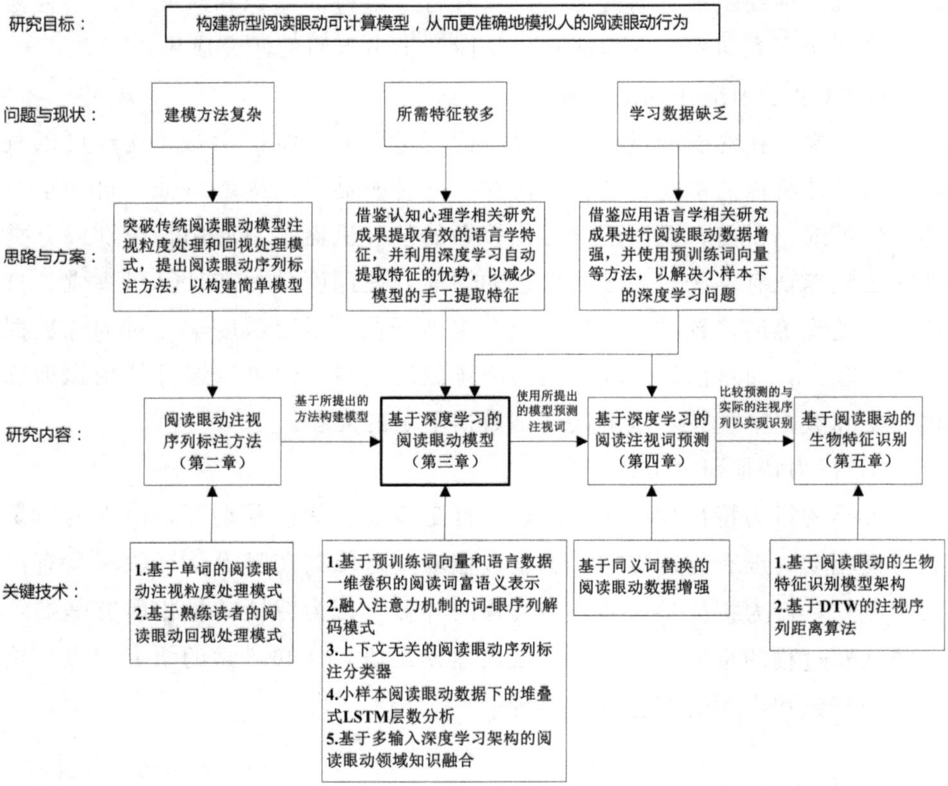

图 1－2　本书的研究框架示意图

本书的研究内容涵盖视觉神经生理学、认知心理学、应用语言学和计算机科学等领域，属于交叉学科研究。具体研究内容如下：

1)阅读眼动注视序列标注方法研究

(1)注视粒度与回视模式处理模式研究：根据心理学阅读眼动注视位置效应研究成果，提出基于单词的阅读眼动注视粒度处理模式；根据熟练读者在阅读时的回视次数统计，提出了基于熟练读者的阅读眼动回视处理模式。

(2)阅读眼动注视序列标注任务：通过突破传统阅读眼动模型注视粒度处理和回视处理模式，将阅读眼动建模任务转化成了自然语言处理的序列标注任务，给出了该任务的具体描述和形式化描述，并应用隐马尔可夫模型、最大熵马尔科夫模型和条件随机场模型分别实现了该任务。

(3)阅读眼动语料库对比研究：对比国外已经建成的较有影响的若干阅读眼动语料库，为开展基于语料库的深度学习应用研究做好数据准备。

2)基于深度学习的阅读眼动模型构建研究

(1)基于预训练词向量和语言数据一维卷积的阅读词富语义表示：通过查找语料库中单词对应的预训练词向量和使用语言数据一维卷积，向阅读眼动模型馈送语义表示更精确的词向量，以供模型提取阅读眼动高级语言特征。

(2)融入注意力机制的词-眼序列解码模式：通过融入注意力机制，使模型输出分类器专注于循环神经网络的当前位置，更符合实际的阅读认知和眼动行为。

(3)上下文无关的阅读眼动序列标注分类器：通过使用与上下文无关的标注分类器以简化序列标注任务深度学习经典模型。

(4)小样本阅读眼动数据下的堆叠式 LSTM 层数分析：通过分析小样本阅读眼动数据下的模型输出结果统计方差与均值，以确定最优的堆叠式 LSTM 层数。

(5)影响阅读眼动的领域知识研究：通过考察认知心理学和应用语言学现有成果，研究影响阅读眼动的各种语言学特征，提取出有效的语言学特征(组合)为可计算眼动模型使用。

(6)影响阅读眼动的语言学特征评价：通过对阅读眼动可计算模型计算出来的模拟眼动序列进行分析，评价阅读眼动语料库的各个语言学特征对模拟眼动序列准确度的影响，为模型的优化提升提供量化依据。

(7)基于多输入深度学习架构的阅读眼动领域知识融合：通过多输入深度学习架构，联合学习包括文本序列、文本语言学特征序列等在内的多模态输入，从而利用深度学习和领域知识实现使用较少手工提取特征。

3)基于深度学习的阅读注视词预测研究

(1)不同语言学特征(组合)对预测准确度影响的对比研究：利用所提

出的基于深度学习的阅读眼动模型预测读者在未见文本(测试集)上的注视词，并分别考察词性、词长、可预测性等语言学特征对预测准确度的影响。

(2)阅读眼动数据增强技术：提出了一种阅读眼动数据增强方法，使用该方法对眼动语料库的训练数据进行扩充，以满足深度学习模型对训练数据量的需求。

4)基于阅读眼动的生物特征识别研究

(1)现有生物特征识别以及眼动识别技术研究：对比各种生物特征识别技术的优劣，考察基于行为特征身份识别的相关技术，分析了现有眼动识别技术的不足之处，进行了基于阅读眼动的生物特征识别可行性分析。

(2)基于阅读眼动的生物特征识别架构：基于多输入深度学习架构，把文本序列、文本语言学特征序列和阅读注视序列作为输入，通过度量所提出的阅读眼动模型产生的预测注视序列和实际(待识别)注视序列之间的相似性距离识别被试身份。

(3)基于 DTW 的注视序列距离算法：使用动态时间规整(dynamic time warping，DTW)计算预测的和实际的注视序列之间的距离，根据注视序列距离是否大于阈值进行身份识别。阈值由误识率和拒识率相等时的注视序列距离确定。

1.4.3 本书的组织结构

本书分为 6 个章节。围绕阅读眼动序列标记任务这一主题，从阅读眼动可计算模型的构建与模型的应用两方面展开讨论。

各章节的具体安排如下：

第 1 章为绪论。对全书工作进行概述。阐述了阅读眼动建模的研究目的与意义，分析了国内外研究概况，述评相关研究，讨论了相关研究的发展趋势。最后介绍了本书的研究内容和技术方案。

第 2 章介绍了阅读眼动注视序列标注任务。介绍了常见的语言序列标注任务，剖析了阅读眼动注视序列标注任务与语言序列标注任务的高度相似性，给出了阅读眼动注视序列标注任务的基本描述和形式化描述。此外，对本书实验所用的数据集、评价指标和实验平台也进行了分类介绍。最后，通过 3 个模型实现阅读眼动注视序列标注任务，证明了所提出的方法的可用性和易实现性。

第 3 章在前一章提出的阅读眼动注视序列标注任务的基础上，提出了基于深度学习的阅读眼动模型。首先使用经典的 LSTM－CRF 深度学习模型解决阅读眼动注视序列标注问题，把实验结果作为基线。然后通过预训练词向量、加入卷积操作、融入注意力机制、改进分类器、优化网络结构、结合阅读眼动领域知识等方法，不断提高基线标准，进一步提升模型的性能。

第 4 章使用第三章所提出的模型进行阅读注视词预测。首先分别取语料库的前、中、后段各约 20％为测试集，其他为训练集，开展针对读者在未见文本(测试集)上的注视词预测。然后分别考察了词性、词长、可预测性等语言学特征对预测准确度的影响，证明了词长等低级视觉因素对阅读眼动的影响最为显著。为了解决深度学习模型对训练数据量需求较大的问题，还提出了一种有效的阅读眼动数据增强方法。

第 5 章使用第三章所提出的模型进行基于阅读眼动的生物特征识别。首先，分析了现有眼动识别技术的不足之处，讨论了基于阅读眼动生物特征识别的可行性。其次，使用基于多输入架构的深度神经网络预测被试在文本上的阅读眼动注视词，构建被试在文本上的阅读眼动注视序列。最后，再通过对比预测的注视和实际的注视序列相似性识别被试身份。

最后一章总结了全书的主要工作和创新点，并讨论了未来需要进一步研究的方向。

第 2 章　阅读眼动注视序列标注方法

针对现有阅读眼动模型建模方法复杂的问题，本章突破传统阅读眼动模型注视粒度处理和回视处理模式，提出了基于单词的阅读眼动注视粒度处理模式和基于熟练读者的阅读眼动回视处理模式，利用阅读眼动注视序列标注与自然语言序列标注的高度相似性，形成了阅读眼动注视序列标注方法，从而把复杂的阅读眼动建模过程转化成了简单的语言序列标注过程。

本章首先介绍常见的自然语言处理序列标注任务，然后分析了阅读眼动建模问题与语言序列标注问题的高度相似之处，提出了阅读眼动注视序列标注任务，并给出了该任务的具体描述和形式化描述，最后通过分别使用 3 个机器学习模型实现所提出的阅读眼动注视序列标注任务。

2.1　自然语言处理序列标注任务

自然语言处理(natural language processing，NLP)是语言学、计算机科学、信息工程和人工智能的一个子领域，与计算机和人类(自然)语言之间的相互作用有关，尤其是如何对计算机进行编程以处理和分析大量自然语言数据[69]。自然语言处理中的挑战经常涉及语音识别、自然语言理解和自然语言生成[70]。

序列标注问题是自然语言处理中的一个基础问题，虽然很多自然语言处理任务看上去大不相同，但是绝大多数自然语言处理问题都可以转化为序列标注问题。它包括中文分词、词性标注、命名实体识别、关键词抽取、词义角色标注等[71]。它要完成的任务是，对于一个一维线性输入序列：

$$x = x_1,\ x_2,\ x_3,\ \cdots,\ x_i,\ \cdots,\ x_n \tag{2-1}$$

通过一些策略，给线性序列中的每个元素都打上相应的标签：

$$y = y_1,\ y_2,\ y_3,\ \cdots,\ y_i,\ \cdots,\ y_n \tag{2-2}$$

所以，其本质上都是根据上下文内容，对线性序列中每个元素进行分类的问题。一般情况下，对于自然语言处理任务来说，文本就是线性序列，一个单词是一个元素，序列标注任务要实现根据单词上下文给该单词打上相应的标签。当然，不同的序列标注任务所使用的标签是不相同的。

常见的语言序列标注任务及所用方法如下：

(1)分词。分词仅存在于中文处理中，它是将连续的汉字序列在不改变字顺序的前提下，按照一定的规范重新分割成词语序列的过程。分词技术仅存在于中文的原因是中文的书写是以字而不是以词为单位，词与词之间没有明显的分隔符。不同于在英文等拼音文字的书写中，空格被当作词与词之间的分隔符。在中文书写中，需要对文字进行语义分析，才可以判断出词的边界。

常用的分词方式是，对句子中的每个字进行标记，如四符号标记{B，E，M，S}，分别表示词的开始(begin)、结束(end)、中间(middle)及字符独立成词(single)。那么对于一个句子的切分就可以转为对句子中每个字打标签的过程，例如，对于：

自然语言处理/可以/应用/在/诸多/领域。

使用四符号标记系统进行分词标记的结果为：

自 B 然 M 语 M 言 M 处 M 理 E 可 B 以 E 应 B 用 E 在 S 诸 B 多 E 领 B 域 E。

在分词过程中，对句子中的每个字赋予了一个词位，即 BEMS 中的一个标签，这样就完成了分词的目的。这种方法首次由 Nianwen Xueet[72] 在 2002 年提出，该方法将传统的语言学问题转换为更加容易建模的序列标注问题。目前该方法仍然是主流的分词方法。研究者们使用不同的机器学习模型以不断提高分词效果，如最大熵、支持向量机、条件随机场等[73]。

(2)词性标注。在传统语法中，词性(part fo speech，POS)是具有相似语法性质的词的范畴。属于同一词类的词通常表现出相似的句法行为，它们在句子的语法结构中扮演着相似的角色，有时表现出相似的词形，因相似的性质而发生屈折变化。通常列出的英语词类有形容词(adjective)、动词(verb)、名词(noun)、定冠词(definite article)、代词(pronoun)等。图 2－1 为词性标注示例，一个由 4 个单词构成的句子依次被标注为代词、动词、定冠词和名词。

John	saw	the	saw.
↓ PN	↓ V	↓ D	↓ N

图 2－1　词性标注示例图

在自然语言处理和语料库语言学中，词性标注(POS-taging 或 POS-labeling)也称为语法标注或词类消歧，是指根据词性的定义和上下文，将文本(语料库)中的一个词标记为与特定词性相对应的过程。

词性标注曾经是手工完成的，现在是在计算语言学的背景下完成的，它使用的算法通过一组描述性标记将离散术语以及隐藏的词性关联起来。目前词性标注的主要算法有 Viterbi 算法、Brill-tagger 算法、约束文法算法和 Baum-Welch 算法(也称为前向一后向算法)。隐马尔可夫模型和可见马尔可夫模型都可以用 Viterbi 算法实现。

许多机器学习方法也被应用于词性标注问题。研究者已经尝试了支持向量机、最大熵分类器、感知器和最近邻等方法，大多数方法可以达到 95%以上的精度。深度学习方法能够自动利用非线性激活函数完成这一目标。[74]

(3)命名实体识别。命名实体识别(named entity recognition，NER)也称为实体标识、实体分块和实体提取，是信息提取的子任务，旨在将非结构化文本中提到的命名实体定位和分类为预定义类别，例如人员姓名(PER)、组织机构(ORG)、地理位置(LOC)、时间表达(TIME)等。[75]对 NER 系统的大多数研究都采用未注释的文本块来构成，并生成带注释的文本块，以突出显示实体名称。例如，识别"于大宝的进球帮助中国队在长沙 1—0 击败韩国队"这句中的人员姓名(于大宝)、地理位置(长沙)、组织机构(中国队)。

NER 系统一般包括实体边界识别(图 2-2 a)和实体分类(图 2-2 b)。研究者已经创建了许多 NER 系统，这些系统使用基于语言语法的技术或机器学习统计模型来执行 NER 任务。先进的英语 NER 系统产生近乎人类的表现。例如，在 MUC—7 数据集[76]上最先进的方法得到的 $F1$ 值为 93.39%，而人类注释者的得分为 97.60%。

尽管在 MUC-7 数据集上得到了很高的 $F1$ 分数，但是命名实体识别的问题还远远没有解决。研究表明，即使是最先进的 NER 系统也很脆弱，表现为在一个领域上开发的 NER 系统，通常在其他域上的表现不佳。调整 NER 系统以在新领域中发挥良好作用需要再投入大量工作。

于	大	宝	帮	助	中	国	队	获	胜
B-PER	I-PER	I-PER	O	O	B-ORG	I-ORG	I-ORG	O	O

(a)实体边界识别和实体分类

于大宝	的进球帮助	中国队	在	长沙	1-0 击败	韩国队
PER		ORG		LOC		ORG

(b) 实体分类

图 2-2　命名实体识别示例图

2.2　阅读眼动注视序列标注方法

2.2.1　基本描述

本书将阅读眼动过程视为读者在文字上标注注视词的过程，将复杂的阅读眼动建模任务转化成了更加容易建模的序列标注任务。该任务的输入是一个线性文本序列，需要给线性文本序列中的每个元素（单词）打上标签集合中的一个标签，其中，标签集合仅有 2 个元素：{ Fixation，Skip }。如果一个单词被标注为“Fixation”，则表示该单词在阅读过程中被“注视”；同理，如果一个单词被标注为“Skip”，则表示该单词在阅读过程中被“跳过”。

Kate	quivered	and	went	to	the	window
↓	↓	↓	↓	↓	↓	↓
Fixation	Fixation	Skip	Fixation	Skip	Fixation	Fixation

图 2-3　阅读眼动注视序列标注任务示例图

对于一个文字序列“Kate quivered and went to the window”，经过阅读眼动注视序列标注处理之后，输出的标注序列为“Fixation，Fixation，Skip，Fixation，Skip，Fixation，Fixation”，如图 2-3 所示。可以看出，输出的标注序列与原文字序列同长。

在传统语言序列标注任务中，正确标注结果可能仅存在 1 个或几个，例如正确的分词、正确的词性标注、正确的命名实体识别。与传统序列标注任务不同的是，对于阅读眼动注视序列标注任务来说，因为每个人的眼动模式是不同的，所以并不存在唯一正确解。也就是说，即使对于同样一段文字，标注结果也会因人而异。

2.2.2　形式化描述

让 R 表示一组读者集合，单个读者 $r \in R$。T 表示词序为（w_1，…，

w_n)的文本。对于每个 $r \in R$，根据 T 中的每个单词产生一个注视序列 F_{RAW}，F_{RAW} 服从

$$F_{\text{RAW}} \sim p(F_{\text{RAW}} \mid T, r). \tag{2-3}$$

这里的 $p(F_{\text{RAW}} \mid T, r)$是一个特定受试者阅读一段文本时的眼动模式分布。例如，有文本“Kate quivered and went to the window”，被表示为$T=$(Kate, quivered, and, went, to, the, window)，一个可能的注视序列 F_{RAW} 记为(Kate, quivered, and, Kate, quivered, went, the, window)，相应的位置序列为(1, 2, 3, 1, 2, 4, 6, 7)。以单词所在的矩形划分区域，与 F_{RAW} 相对应的区域位置集合为{1, 2, 3, 4, 6, 7}。对于所有的区域，若有注视点落入该区域，则该区域标记为 1，否则标记为 0，以 IA 表示区域标记序列，则相应的 IA 为(1, 1, 1, 1, 0, 1, 1)。IA 的元素个数与 T 相同。

在做基于阅读眼动序列标记预测时，假设 M 是一个可计算眼动模型，给出一个文本序列 T，读者 r 阅读 T 时的眼动注视序列 f 由推算出：

$$f = \underset{f \in F_{\text{RAW}}}{\operatorname{argmax}}\, p(F_{\text{RAW}} \mid M, T). \tag{2-4}$$

为了便于模型进行数据处理，使用 IA 序列代替 F_{RAW} 序列，同时引入与 T 相对应的若干关于 T 的语言学特征序列 A_1，…，$A_n (n \in \mathrm{N})$，则 A_n 的长度与 T 相同，此时，所求的目标变为：

$$f = \underset{f \in IA}{\operatorname{argmax}}\, p(IA \mid M, T). \tag{2-5}$$

2.2.3 方法的注视粒度和回视处理模式

研究者在以拼音文字为实验材料进行的眼动研究中发现，在阅读过程中，当读者注视某一个单词时，注视点往往落在该单词的开头与中心部分的中间位置，也就是大概在该单词开头的 1/4 处。该位置通常是读者的注视点首次落在某个单词的位置，因此被研究者们称为偏向注视位置(preferred viewing location, PVL)[77]。偏向注视位置描述的是注视点停落最多的位置，其分布近似高斯分布。对于拼音文字来说，偏向注视位置的发现支持了读者的眼跳目标是以词为单位的观点，即读者在阅读过程中下一次眼跳选择的目标是单词，而不是字母。基于认知心理学的上述研究，在本书所提出的阅读眼动注视序列标注任务中，规定任务所处理的元素粒度是单词(word)而非字符(character)。

在阅读过程中，读者通常会在文本上前向移动眼球，以获得新的视觉信息并进行处理。这些眼动是必需的，因为中央凹视觉区仅占视野的很一小部分，所以每次注视仅能提取到一定量的信息。但是，并非所有的眼跳都沿文字前向方向进行，有时也会跳回到已经阅读过的文字，对文字进行重新加工以获取信息，这种眼动现象称为回视(regression)。回视是为了满足对文字的理解需求而产生的，可以使读者纠正对文字的误解或理解缺失。回视产生的原因与阅读材料难易程度，读者对阅读材料的熟悉度，读者的阅读习惯，读者的阅读环境，阅读任务的具体要求等因素都有关。尽管产生回视的原因诸多，但有一点可以肯定：回视并非是一种好的现象，因为它降低了阅读的效率。高效的阅读者应该尽量避免或减少阅读回视次数。对于熟练读者，回视次数占总注视次数的不到 10%[78]，而本书所开展的研究基于阅读眼动语料库，被试恰恰均为熟练阅读者，所以，不考虑回视现象对所提出的阅读眼动注视序列标注任务影响。

综上，本书提出的阅读眼动注视序列标注方法存在以下两个新模式：

· 在基于单词的阅读眼动注视粒度处理模式中，处理粒度基于单词而非字符。

· 在基于熟练读者的阅读眼动回视处理模式中，不考虑阅读过程中的回视现象。

2.3　数据集

本书在模型构建工作中基于 Provo 语料库评价不同模型的效果，原因是 Provo 语料库规模较大(20 万词量级)，而基于深度学习的应用都是数据贪婪的(data hungry)。

Provo 语料库[79]是一个英语眼动语料库，2018 年发布。阅读材料包括 55 篇短文，内容涵盖在线新闻、科普杂志和通俗小说等题材。它的最大特点是：含有由 470 名被试阅读相同材料的单词可预测性(predictability)数据。被试来自美国杨百翰大学(Brigham Young University，USA)。

Provo 语料库的数据收集分 2 个阶段进行，在第一阶段，创建了可预测性规范，通过大规模在线调查收集了来自各个来源的 55 个段落中每个单词的完形填空得分。470 名被试中的每人均阅读了 55 篇短文，共 2689 个单词，最终形成了对缺失单词预测的准确性统计，即语料的可预测性规范。在第二阶段，将这 55 个段落中的每一个呈现给一组不同的参与者，以便在他们阅读时对眼动进行追踪，从而创建大量的眼动数据。从 Provo 语料库中可分别获得两组数据——可预测性规范和眼动追踪数据。

这项研究中使用的眼动数据来自另外 84 位未参与单词可预测性数据收集的受试者。眼动数据采集所用的设备是 SR Research EyeLink 1000 Plus 眼动仪，以 1000Hz 采样频率记录右眼眼动数据。表 2-1 是 Provo 语料库中的关键变量，其他变量及作用描述见附录表 2。

表 2-1　Provo 语料库中的关键变量列表

变量	作用描述
PARTICIPANT_ID	每个参与者的唯一 ID 号
WORD_UNIQUE_ID	数据集中每个单词(每个令牌)的唯一 ID 号
TEXT_ID	文字编号(第 1～55 段)
WORD_NUMBER	单词在文本中的序数位置
SENTENCE_NUMBER	当前单词所在句子的序号
WORD_IN_SENTENCE_NUMBER	当前单词在当前句子中的序数位置
WORD	屏幕上出现的单词
WORD_CLEANED	删除标点和大写的单词
WORD_LENGTH	当前单词的长度，以字母为单位
CERTAINTY	由 470 名被试给出的可预测性数据
POS_CLAWS	目标词的词性标记
IA_SKIP	如果在第一遍阅读中没有出现注视，则认为兴趣区被跳过(即 IA_SKIP=1)。

本书在第 4 章的阅读眼动注视词预测中，除了使用上述 Provo 语料库之外，还使用了 GECO 语料库和 Dundee 语料库。

表 2-2　GECO 语料库中的关键变量列表

变量	作用描述
PP _ NR	参与者的标识号
PART	小说部分的编号
WORD _ ID	单词的标识号
WORD	当前兴趣区域中包含的单词
WORD _ FIXATION _ COUNT	当前词的总注视次数
WORD _ FIXATION _ %	落入当前单词的试验中所有注视的百分比
WORD _ RUN _ COUNT	进入或离开当前单词的次数
WORD _ SKIP	如果在首次阅读中没有注视单词，则认为该单词已跳过(即 WORD _ SKIP = 1)

GECO 语料库[80]是一个英、荷双语眼动语料库，2017 年发布。本书使用的是 19 名被试阅读英文版本的眼动数据。眼动数据采集使用塔式安装的 EyeLink 1000 系统，眼动数据采样频率为 1000Hz。表 2-2 是 GECO 语料库中的关键变量，其他变量及作用描述见附录表 3。

表 2-3　Dundee 语料库中的关键变量列表

变量	作用描述
Reader _ ID	被试 ID
Text _ ID	段落 ID
Word _ ID	单词 ID
Word	单词
Word _ Length	词长
POS	词性
IA _ LEFT	兴趣区左端坐标
IA _ RIGHT	兴趣区右端坐标
IA _ TOP	兴趣区上端坐标
IA _ BOTTOM	兴趣区下端坐标
FIRST _ FIXATION _ DURATION	兴趣区首次注视时长
TOTAL _ FIXATION _ DURATION	兴趣区总注视时长

Dundee 语料库[81]是一个英、法双语眼动语料库，2003 年发布。阅读材料为英文 *The Independent* 和法文 *Le Monde* 上的文章，分别包含 20 句文字。本书实验使用的眼动数据来自该语料库的英文部分，由 10 名英语为母语的被试完成。眼动数据采集使用 Dr. Bouis Oculometer 眼动仪记录阅读眼动数据，对右眼进行采样(采样频率 1000Hz)。表 2-3 是 Dundee 语料库中的关键变量，其他变量及作用描述见附录表 4。

2.4 评价指标

阅读眼动注视序列标注任务，其实是一个把输入的文本序列根据上下文对当前文本进行分类的问题，因为输出空间仅有两个元素——注视和眼跳，所以更进一步，这是一个二分类问题。在介绍模型的评价指标之前，先列出输出结果和实际结果两两结合会出现的 4 种情况，即混淆矩阵(表 2-4)。

由于用数字 1、0 表示不便于阅读，本书用 T 代表实际为正例(注视词)、F 代表实际为负例(跳视词)、P 代表预测为正例(注视词)、N 代表预测为负例(跳视词)。按照该转换规则，重新分配后为混淆矩阵(表 2-5)。

表 2-4 阅读眼动注视序列标注任务输出结果和实际结果混淆矩阵

		实际结果	
		1	0
预测结果	1	11	10
	0	01	00

表 2-5 新分配符号的阅读眼动注视序列标注任务混淆矩阵

		实际结果	
		T	F
预测结果	P	TP	FP
	N	TN	FN

本书涉及的评价指标如下：

(1)准确率(accuracy)：把单词正确标注为注视词和把单词正确标注为跳视词的总数，与单词总数之比，表达式为：

$$\text{accuracy}=\frac{\text{TP}+\text{TN}}{\text{TP}+\text{TN}+\text{FP}+\text{FN}} \tag{2-6}$$

准确率是最直观的一个评价指标，但是，在结果标签分布不均的情况下可能会出现问题。例如，在实际阅读过程中，读者注视的单词要远多于被跳过的单词。有统计表明，一段文字 90%的单词在阅读时都被注视，如果模型仅简单地把所有的单词都标注为注视词，这种简单粗暴的做法使模型的准确率仍然达到了 90%，这显然不合理。因此需要研究更为科学的评价指标体系。

(2)精确率(precision)：实际为注视词的单词数与被模型标注为注视词的单词数之比。这是对标注结果而言的，又叫查准率。表达式为：

$$\text{precision}=\frac{\text{TP}}{\text{TP}+\text{FP}} \tag{2-7}$$

(3)召回率(recall)：在阅读眼动注视序列标注任务中被标注为注视词的单词数，与语料库中实际为注视词的单词数之比。这是对眼动语料库而言的，又叫查全率。表达式为：

$$\text{recall}=\frac{\text{TP}}{\text{TP}+\text{FN}} \tag{2-8}$$

(4)$F1$ 分数($F1$ - score)：精确率和召回率会此消彼长，为了使二者达到一个平衡点，需要定义一下可以同时兼顾二者的新的指标：$F1$ 分数。表达式为：

$$F1=\frac{2\times\text{precision}\times\text{recall}}{\text{precision}+\text{recall}} \tag{2-9}$$

2.5 实验平台

本书的实验基于 Python3.7 + TensorFlow1.13 + Keras2.2.4 开展，实验相关代码可从网址 https://github.com/wxmgo/eye_movement_in_reading/下载。实验数据和源代码列表见附录表 1。实验平台相关介绍如下：

Python 是一种解释性的高级编程语言，它有很多科学计算库，特别是一些高效的机器学习代码库，大大方便了研究者。

TensorFlow 是一个免费的开源软件库，可用于神经网络机器学习。TensorFlow 是 Google Brain 的第二代系统，可在 64 位 Linux，macOS，

Windows 以及包括 Android 和 iOS 在内的移动计算平台上使用。其灵活的体系结构允许在各种平台(CPU，GPU，TPU)之间以及从台式机到服务器集群再到移动设备和边缘设备轻松部署计算。在 TensorFlow 上的数据被称为张量(Tensors)，有状态的数据在其上流动产生计算结果——这就是 TensorFlow 的名称来源。

Keras 是在 TensorFlow、CNTK 或 Theano 之上的框架，它最大的特点是易用性，而且这种易用性并不以降低灵活性为代价。Keras 也被认为是一个接口，而不是一个独立的机器学习框架。Keras 开发主要由 Google 支持，而 Keras API 打包为 tf. keras 封装在 TensorFlow 中。微软也向 Keras 添加了 CNTK 后端，可从 CNTK v2.0 开始使用。

2.6 方法在机器学习模型上的实现

为了证明本章所提出的阅读眼动注视序列标注任务的易实现性，下面分别使用隐马尔可夫模型、最大熵马尔可夫模型和条件随机场模型来实现本书所提出的序列标记任务。为了更好地与后续实验进行比对，本章的实验基于 Provo 语料库开展。

2.6.1 基于隐马尔可夫模型的阅读眼动注视序列标记

隐马尔可夫模型[82](Hidden Markov Model，HMM)是一种统计马尔可夫模型。在隐马尔可夫模型中，状态是不直接可见的，HMM 生成的标记序列提供了一些关于状态序列的信息。接下来阐述 HMM 用于阅读眼动注视序列预测的相关定义。

将状态值集合 Q 置为{Fixation，Skip}，分别表示当前单词的被注视、被跳过；观测序列即为文本序列。比如，“Kate quivered and went to the window”通过 HMM 求解得到状态序列“Fixation，Fixation，Skip，Fixation，Skip，Fixation，Fixation”，则阅读注视序列为“Kate(Fixation) quivered(Fixation) (Fixation) and(Skip) went(Fixation) to(Skip) the(Fixation) window(Fixation)”。

由此可知，阅读眼动注视序列预测任务对应于 HMM 的解码问题：对于文本序列 $C=\{c_1, \cdots, c_n\}$，求解最大条件概率

$$\max P(t_1, \cdots, t_n \mid c_1, \cdots, c_n) \tag{2-10}$$

式中：

t_i——单词 c_i 对应的状态。

利用贝叶斯公式可得：

$$P(t_1, \cdots, t_n \mid c_1, \cdots, c_n)=P(c_1, \cdots, c_n \mid t_1, \cdots, t_n)P(t_1, \cdots, t_n) \tag{2-11}$$

类似于 n - gram 的情况，这里需要作出 2 个假设来减少稀疏问题：

- 有限历史性假设：t_i 只由 t_{i-1} 决定；
- 独立输出假设：第 i 时刻的输出 c_i 只由第 i 时刻的输入 t_i 决定。

即，有如下式子成立：

$$P(t_i \mid t_{i-1}t_{i-2}\cdots t_1)=P(t_i \mid t_{i-1}) \tag{2-12}$$

$$P(c_1, \cdots c_n \mid t_1, \cdots, t_n)=P(c_1 \mid t_1)P(c_2 \mid t_2)\cdots P(c_n \mid t_n) \tag{2-13}$$

这样就可以将公式(2 - 13)转化为：

$$P(c_1, c_2, \cdots, c_n \mid t_1, t_2, \cdots, t_n)=P(c_1 \mid t_1)P(t_1)P(c_2 \mid t_2)P(t_2 \mid t_1), \cdots, P(c_n \mid t_n)P(t_n \mid t_{n-1}) \tag{2-14}$$

而在阅读眼动注视序列标注问题中状态，T 只有 2 种即{Fixation, Skip}，其中，$P(T)$可以作为先验概率通过统计得到，而条件概率 $P(C \mid T)$即语料库中的某个单词在某一状态条件下出现的概率，则可以通过统计训练语料库中的频率得出。

接下来使用 Viterbi 算法[83]求解最优状态序列。Viterbi 算法用于寻找最可能的 Viterbi 路径，该路径是隐藏状态序列。定义$\delta_t(i)$表示在 t 时刻状态概率最大值为 i，有递推公式：

$$\delta_{t+1}(i)=\max[\delta_t(j)a_{ij}]b_i(c_{t+1}) \tag{2-15}$$

表 2 - 6　基于隐马尔可夫模型的阅读眼动注视序列标注实验结果

被试 ID	迭代次数	真实词数	注视词数	准确率 A/%	精确率 P/%	召回率 R/%	$F1$/%
被试 1	100	2743	1645	67.87	69.45	68.57	69.01
被试 1	150	2743	1649	68.47	68.92	69.84	69.38
被试 1	200	2743	1653	68.70	68.84	70.45	69.63
被试 2	100	2743	1633	57.00	58.30	57.69	57.99
被试 2	150	2743	1642	57.22	57.78	58.98	58.37
被试 2	200	2743	1645	58.54	58.80	58.54	58.67
被试 3	100	2743	1628	54.19	55.79	54.37	55.07

表 2-6(续)

被试 ID	迭代次数	真实词数	注视词数	准确率 A/%	精确率 P/%	召回率 R/%	$F1$/%
被试 3	150	2743	1629	53.71	54.67	55.49	55.08
被试 3	200	2743	1631	53.50	54.25	55.97	55.10

表 2-6 显示了使用 Provo 语料库基于隐马尔可夫模型进行阅读眼动注视序列标注的实验结果。性能评价采用 2.4 节中的准确率(accuracy)、精确率(precision)、召回率(recall)和 $F1$ 分数($F1$ score)。实验所用的数据是 1～3 号被试的阅读眼动数据。从实验结果可以看出，随着迭代次数的增多，标注正确的注视词数越来越多。

2.6.2 基于最大熵马尔可夫模型的阅读眼动注视序列标记

最大熵马尔可夫模型[84](Maximum Entropy Markov Model，MEMM)判别模型。在 HMM 中，观测序列由隐藏状态序列生成，在序列标注任务中寻找以最大概率生成指定观测序列的隐藏状态序列，HMM—viterbi 计算观测序列和隐藏序列的最大联合概率。λ 是模型参数。

$$Q = \mathrm{argmax} P(Q, O \mid \lambda) \tag{2-16}$$

而 MEMM 作为判别模型直接给出目标状态序列。

$$Q = \mathrm{argmax} P(Q \mid O, \lambda) \tag{2-17}$$

MEMM 可定义更复杂的特征，在 HMM-Viterbi 查找序列标注时当前隐藏状态和上个隐藏状态相关，假定各观测状态之间互相独立，观测状态是生成目标，并不便于定义更多特征条件。

$$\delta_t(j) = \max \delta_{t-1}(i) a_{ij} \cdot b_j(o_t) \tag{2-18}$$

在 MEMM 中并不要求各观测状态独立，可使用特征函数对条件 o_t 定义更复杂的分类特征(例如，大小写、上下文字符)。

$$\delta_t(j) = \max \delta_{t-1}(i) P(q_t = S_j \mid q_{t-1} = S_i, o_t) \tag{2-19}$$

与 HMM-viterbi 类似，定义 2 个函数用于保存每个步骤的最大概率和最佳前驱状态，然后从前向后递归，最后回朔状态序列。但这里和 HMM 不同的是将联合概率定义为条件概率。

$$\delta_t(i) = \max P(q_1 q_2 \cdots q_{t-1}, q_t = S_i \mid O_1 O_2 \cdots O_t)$$

$$\psi_t(i) = \mathrm{argmax} P(q_1 q_2 \cdots q_{t-1}, q_t = S_i \mid O_1 O_2 \cdots O_t) \tag{2-20}$$

第一步，此时 $q_0 = 0$，本书认为，没有上一个隐藏状态本身就表示一种特殊状态(序列开始状态)。

$$\delta_1(i)=P(q_t=S_i \mid q_0=0,\ O_1)$$
$$\psi_1(i)=0 \tag{2-21}$$

第二步，递归。

$$\delta_t(j)=\max\delta_{t-1}(i)P(q_t=S_j \mid q_{t-1}=S_i,\ O_t)$$
$$\psi_t(j)=\operatorname{argmax}\delta_{t-1}(i)P(q_t=S_j \mid q_{t-1}=S_i,\ O_t) \tag{2-22}$$

第三步，回溯和结束。

表 2-7 显示了使用 Provo 语料库基于最大熵马尔可夫模型进行阅读眼动注视序列标注的实验结果。实验所用的数据是 1～3 号被试的阅读眼动数据。从实验结果可以看出，随着迭代次数的增多，标注正确的注视词数越来越多。

表 2-7　基于最大熵马尔可夫模型的阅读眼动注视序列标注实验结果

被试 ID	迭代次数	真实词数	注视词数	准确率 A/%	精确率 P/%	召回率 R/%	F1/%
被试 1	100	2743	1645	68.44	68.96	70.48	69.71
被试 1	150	2743	1649	68.61	69.49	70.39	69.94
被试 1	200	2743	1653	68.99	69.80	70.10	69.95
被试 2	100	2743	1633	56.94	58.96	57.22	58.08
被试 2	150	2743	1642	57.60	58.11	59.01	58.55
被试 2	200	2743	1645	57.50	58.27	59.52	58.89
被试 3	100	2743	1628	53.94	55.88	54.04	54.95
被试 3	150	2743	1629	54.64	55.00	55.39	55.19
被试 3	200	2743	1631	54.66	55.89	54.68	55.28

与 HMM 相比，MEMM 的最大优点是它在选择表示观察结果的特征方面提供了更大的自由度。在序列标记的情况下，使用领域知识来设计特殊用途的功能很有用；MEMM 的缺点在于存在标签偏差问题(label bias problem)，其中具有低熵跃迁分布的状态有效地忽略了它们的观察结果。

2.6.3　基于条件随机场的阅读眼动注视序列标记

条件随机场[85](conditional random fields，CRFs)的特点是假设输出变量构成马尔可夫随机场。本书把阅读眼动问题视为读者在文字上进行序列标注的问题，输入变量 X 表示需要标注的文字序列，输出变量 Y 表示眼跳目标(注视)标注序列，所求的问题其实就是求条件概率模型 $P(Y \mid X)$ 最大时的 Y。在随机变量 X 取值为 x 的条件下，随机变量 Y 取值为 y 的条件概率为：

$$P(y \mid x)=\frac{1}{Z(x)}\exp\left[\sum_{i,k}\lambda_k t_k(y_{i-1},\ y_i,\ x,\ i)+\sum_{i,l}\mu_l s_l(y_i,\ x,\ i)\right] \tag{2-23}$$

其中：

$$Z(x)=\sum_{y}\exp\left[\sum_{i,k}\lambda_k t_k(y_{i-1},\ y_i,\ x,\ i)+\sum_{i,l}\mu_l s_l(y_i,\ x,\ i)\right] \tag{2-24}$$

式中：

$Z(x)$——规范化因子；

t_k——转移特征函数；

s_l——状态特征函数。

t_k 是依赖于当前注视位置和前一个位置，s_l 是依赖于当前注视位置。特征函数 t_k 和 s_l 取值为 1 或 0，即当满足特征条件时取值为 1，否则为 0。λ_k 和 μ_l 是对应的权值，由模型训练得到。模型的参数训练准则主要是基于最大似然最大后验概率，其训练的目标是使训练语料中正确标注眼跳目标序列的概率最大。

CRF 的 Unigram 特征模板生成 CRF 的状态特征函数 $s_l(y_i,\ x,\ i)$，CRF 的 Bigram 特征模板生成 CRF 的转移特征函数 $t_k(y_{i-1},\ y_i,\ x,\ i)$。其中 y 是标签，x 是观测序列，i 是当前节点位置。模板使用式子%x[*row*，*col*]来唯一确定输入数据中的一个 token，其中，*row* 表示当前 token 的行号，*col* 表示当前 token 的列号。模板类型通过 x 所代表的字符指定。%U[*row*，*col*] 用于描述 Unigram feature 的模板，%B[*row*，*col*] 用于描述 Bigram feature 的模板。

在使用传统 CRF 进行建模时，需要建立以单词为基础的特征模板，包括单词和输出标签，如表 2-8 所示，第 1 列是输入的单词，第 2 列是输出标签(Fixation，Skip)。

当前 token 是“and”这个字时，%x[−2，2]就是在“and”之前的 2 行，1 号列的元素(列号是从 0 开始)，即为 4。传统 CRF 的 2 种特征模板如下：

表 2-8　使用条件随机场模型建模时的特征模板列表

单词	输出标签
Kate	Fixation
quivered	Fixation
and	Skip
went	Fixation
to	Skip
the	Fixation
window	Fixation

(1)Unigram 模板：CRF 中的状态函数 $f(y_i, x)$ 使用 $\%U[\#, \#]$ 表示，其中，x 为 t 时刻的输入上下文，y_i 为 i 时刻的模型输出标签。L 是输出标签集合的数量，N 是从模板中扩展处理的字符串种类，则 Unigram 模板函数的数量为 $L*N$，其中。见表 2-9 所示。

表 2-9　条件随机场模型的 Unigram 模板列表

名称	模板	名称	模板	名称	模板
U00	%x[-2, 0]	U06	%x[-1, 1]	U12	%x[-2, 1]/%x[-1, 1]
U01	%x[-1, 0]	U07	%x[0, 1]	U13	%x[-1, 1]/%x[0, 1]
U02	%x[0, 0]	U08	%x[1, 1]	U14	%x[0, 1]/%x[1, 1]
U03	%x[1, 0]	U09	%x[2, 1]	U15	%x[1, 1]/%x[2, 1]
U04	%x[2, 0]	U10	%x[-1, 0]/%x[0, 0]	U16	%x[-2, 1]/%x[-1, 1]/%x[0, 1]
U05	%x[-2, 1]	U11	%x[0, 0]/%x[1, 0]	U17	%x[-1, 1]/%x[0, 1]/%x[1, 1]

例如：U02:%x[0, 0]，生成如下 32 个函数：

func1=if(output="Fixation" and feature=U02："Kate")return 1 else return 0

func2=if(output="Fixation" and feature=U02："quivered")return 1 else return 0

……

func6=if(output="Fixation" and feature=U02："the")return 1 else return 0

func7=if(output="Skip" and feature=U02："window")return 1 else return 0

func8=if (output="Skip" and feature=U02："Kate")return 1 else return 0

……

func14=if(output="Skip" and feature=U02："window")return 1 else return 0

func1 反映了"单词是'Kate'且标注是'Fixation'的情况"，func2 反映了"单词是'quivered'且标注是'Fixation'的情况"。

(2)Bigram 模板：CRF 中的转移函数 $f(y_{i-1}, y_i, x)$使用%B[#，#]表示，其中，y_{i-1} 为 $i-1$ 时刻的输出标签。这种类型的模板会产生 $L * L * N$ 种不同的特征，生成函数类似于：

func1=if(prev_output="Fixation" and output="Skip" and feature=B02："quivered") return 1 else return 0

按照设计好的 CRF 特征模板提取特征之后，用 CRF++工具包训练模型。实验结果见表 2-10 和表 2-11。

表 2-10　基于条件随机场模型(Unigram 模板)的阅读眼动注视序列标注实验结果

被试 ID	迭代次数	真实词数	注视词数	准确率 A/%	精确率 P/%	召回率 R/%	$F1$/%
被试 1	100	2743	1645	68.55	69.07	70.30	69.68
被试 1	150	2743	1649	68.83	70.35	69.08	69.71
被试 1	200	2743	1653	68.68	69.43	70.97	70.19
被试 2	100	2743	1633	56.97	59.21	58.60	58.38
被试 2	150	2743	1642	58.17	59.79	58.26	59.01
被试 2	200	2743	1645	57.64	58.56	59.62	59.09
被试 3	100	2743	1628	52.90	53.71	55.21	54.01
被试 3	150	2743	1629	53.62	54.22	55.54	54.64
被试 3	200	2743	1631	54.08	54.88	55.26	55.07

表 2-11　基于条件随机场模型(Bigram 模板)的阅读眼动注视序列标注实验结果

被试 ID	迭代次数	真实词数	注视词数	准确率 A/%	精确率 P/%	召回率 R/%	$F1$/%
被试 1	100	2743	1645	69.00	70.78	68.87	69.81
被试 1	150	2743	1649	68.99	69.57	70.13	69.85
被试 1	200	2743	1653	69.44	69.49	71.19	70.33
被试 2	100	2743	1633	58.17	58.97	57.80	58.91
被试 2	150	2743	1642	58.58	59.41	58.86	59.14
被试 2	200	2743	1645	58.67	59.22	59.38	59.30
被试 3	100	2743	1628	53.06	54.81	53.23	54.45
被试 3	150	2743	1629	54.13	54.55	54.73	54.87
被试 3	200	2743	1631	54.69	56.13	54.91	55.51

表 2-10 和表 2-11 显示了使用 Provo 语料库基于条件随机场模型进行阅读眼动注视序列标注的实验结果。实验所用的数据是 1～3 号被试的阅读眼动数据。从实验结果可以看出，随着迭代次数的增多，标注正确的注视词数越来越多，而使用 Bigram 模板的结果要好于使用 Unigram 模板。

特征的选取、参数训练和解码是条件随机场模型需要解决的 3 个基本问题。其中，参数训练过程可在训练数据集上基于对数似然函数的最大化进行。前面所述的两个模型都是在不考虑相邻标注结果的情况下预测单个单词的标签，而条件随机场模型则可以考虑标注结果的上下文。

2.6.4　结果对比

表 2-12 总结了上述 3 种模型在阅读眼动注视序列标注任务上的实验结果对比。从对比中可以看出，由于 MEMM 对当前状态的判断依赖于前一时间步的状态和当前观察值的状态，这一特性使得 MEMM 整体优于 HMM。但是，MEMM 自身也存在标签偏差问题。MEMM 的转移分数是分别对每个状态的归一化，这会导致模型偏向输出选择较少的状态。

表 2-12　基于 HMM、MEMM、CRF 模型的阅读眼动注视序列标注实验结果对比

被试 ID	迭代次数	隐马尔可夫模型		最大熵马尔可夫模型		条件随机场模型（Unigram 模板）		条件随机场模型（Bigram 模板）	
		准确率/%	F1/%	准确率/%	F1/%	准确率/%	F1/%	准确率/%	F1/%
被试 1	100	67.87	69.01	68.44	69.71	68.55	69.68	69.00	69.81
被试 1	150	68.47	69.38	68.61	69.94	68.83	69.71	68.99	69.85
被试 1	200	68.70	69.63	68.99	69.95	68.68	70.19	69.44	70.33
被试 2	100	57.00	57.99	56.94	58.08	56.97	58.38	58.17	58.91
被试 2	150	57.22	58.37	57.60	58.55	58.17	59.01	58.58	59.14
被试 2	200	58.54	58.67	57.50	58.89	57.64	59.09	58.67	59.30
被试 3	100	54.19	55.07	53.94	54.95	52.90	54.01	53.06	54.45
被试 3	150	53.71	55.08	54.64	55.19	53.62	54.64	54.13	54.87
被试 3	200	53.50	55.10	54.66	55.28	54.08	55.07	54.69	55.51

从表 2-12 中还可以看出，CRF 整体优于 MEMM。原因是，CRF 在拥有 MEMM 的优点的同时，克服了 MEMM 的缺点。线性链 CRF 和线性链 MEMM 比较，区别仅在于分母(也就是归一化因子)的计算方式不同，CRF 的是全局归一化的，而 MEMM 的是局部归一化的。

2.7　本章小结

本章首先介绍了常见的语言处理序列标记任务，把阅读眼动行为视为读者在文字上进行注视序列标注的过程，并给出了阅读眼动注视序列标注任务的具体描述和形式化描述。同时，指出了阅读眼动注视序列标注任务与传统的序列标记任务之间的相似之处和不同之处。为了简化阅读眼动模型，还指出了本书对阅读眼动注视序列标注任务的两个限制：①处理粒度基于单词(word)而非字符(character)；②不考虑阅读过程中的回视(regression)现象。

本书所有的实验都是基于熟练读者阅读精心挑选文本时形成的阅读眼动语料库，因此，本章分别从阅读材料、被试规模、采集设备情况和语料库特点等几个方面介绍了所用的语料库。本章还介绍了实验结果评价指标和实验平台。

通过在隐马可夫模型、最大熵马可夫模型和条件随机场模型上实践，证明了该方法可以较好地描述阅读眼动任务，并且较易用机器学习模型进行实现，为接下来进行基于深度学习的阅读眼动建模奠定了基础。

第 3 章　基于深度学习的阅读眼动模型

针对现有阅读眼动模型所需特征较多的问题，本章以自然语言序列标注任务深度学习经典模型和所提出的阅读眼动注视序列标注方法为基础，利用深度学习自动提取特征的优势和认知心理学在影响阅读眼动语言学特征选取上的指导，构建基于深度学习的阅读眼动注视序列标注模型，即基于深度学习的阅读眼动模型。

本章首先以自然语言序列标注任务深度学习经典模型和阅读眼动注视序列标注方法为基础，构建基于深度学习的阅读眼动模型。然后通过使用预训练词向量和语言数据一维卷积以构造阅读词的富语义表示；通过融入注意力机制以构建更符合人类阅读行为的词-眼序列解码模式；通过使用与上下文无关的标注分类器以简化序列标注任务深度学习经典模型；通过分析小样本阅读眼动数据下的模型输出结果统计方差与均值，以确定最优的堆叠式 LSTM 层数；通过使用多输入深度学习架构以融合阅读眼动领域知识。模型除了利用深度学习自动提取特征的优势，也融入了语言学和心理学的领域知识，重点讨论了词性、词长、可预测性等语言学特征对模型准确度的影响。本章的所有实验都是基于 Provo 眼动语料库开展。

3.1　基于深度学习的阅读眼动模型基本架构

CRF 只考虑了标注序列的转移特征和状态特征，没有考虑到文字序列的上下文信息。长短期记忆网络(Long Short - Term Memory networks，LSTM)是一种时间递归神经网络(Recurrent Neural Network，RNN)，可以处理和预测时间序列中间隔和延迟相对较长的重要事件。在 CRF 之前加上 LSTM，相当于用 LSTM 抽象过的一种语言关系来进行 CRF 训练，这样利用了文字序列与标注序列两方面的上下文关系，更符合实际的阅读眼跳加工过程。

3.1.1　网络结构

LSTM - CRF 架构分为 3 层：第一层是词嵌入层，利用随机初始化的

Embedding 矩阵将句子中的每个字 x_i 由 one－hot 向量映射为低维稠密的字向量(character embedding)，该过程在网络训练中完成；第二层是双向 LSTM 神经网络，它可以有效地利用过去(左)和未来(右)的上下文，用于自动提取文字序列特征；第三层是 CRF 层，进行句子级的序列标注。网络结构如图 3－1 所示。

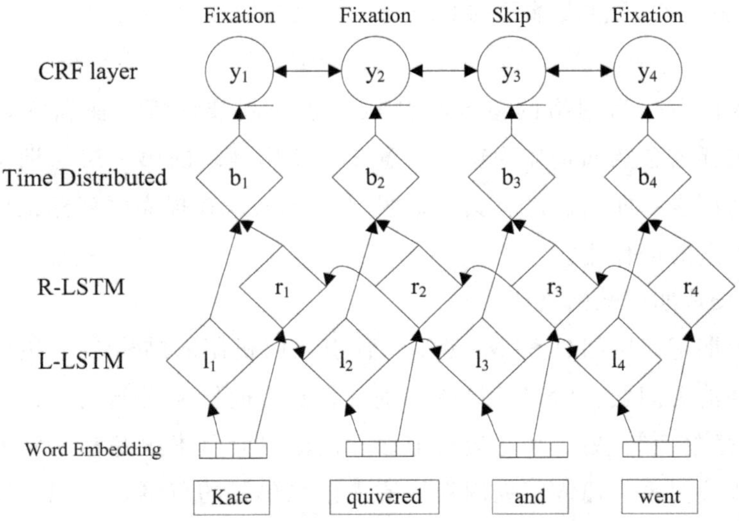

图 3－1　基于 bi－LSTM－CRF 架构的深度学习阅读眼动模型

(1)词嵌入层。

神经网络模型不能接收原始文本作为输入，只能处理数值张量，所以需要进行文本向量化(vectorize)处理。对于一个封闭的词汇表 D，其中的词汇数记为 $|D|$，神经网络的输入向量包含了词汇表 D 中已标准化的二元对数量。这个向量可以被分解为 $|D|$ 个向量，每一个对应于一个特定的词汇表位置 i：

$$x=\frac{1}{|D|}\sum_{i=1}^{|D|}x^{D_{[i]}}. \tag{3－1}$$

其中，$D_{[i]}$是在词汇表位置 i 上的二元对，每个向量 $x^{D[i]}\in R^{|D|}$ 是一个独热(one—hot)向量，在这个向量中除了对应于二元字母对 $D_{[i]}$的分量为 1，其余分量均为 0。

接下来把这样的独热稀疏向量映射成词嵌入(word embedding)的稠密向量，即每个词都被嵌入 d 维空间中，并用空间中的一个向量表示。通常空间维度 d 都远小于词汇表长度，比如大小为 40 000 的词汇表中的每一项

(编码为 40 000 维独热向量)可以使用 100 维或 200 维的向量表示。

通过嵌入层，每个词 f_i 被映射为稠密的 d 维向量 $v(f_i)$。对于包含 $|V|$ 个词的词表，每个词用 d 维向量嵌入，所有词向量的集合可以看作一个 $|V|\times d$ 的嵌入矩阵 E，矩阵的每一行对应一个嵌入的词。f_i 为词 f_i 的 $|V|$ 维独热表示向量，除一维对应于第 i 个词的值，其余维均为 0，乘法操作 $f_i\mathrm{E}$ 会选择 E 的对应行，因此有：

$$v(f_i)=f_i\mathrm{E} \tag{3-2}$$

嵌入向量作为网络的参数与其他参数一起被训练。在训练神经网络时，使用稀疏独热向量作为输入，意味着使用网络的第一层从训练数据中学习稠密词嵌入向量。已有文献证明[86]，词嵌入在提高序列标记性能方面起着至关重要的作用。

(2)长短期记忆网络层。

长短期记忆网络(LSTM)是第一种引入门机制的结构[87]，被设计用于解决梯度消失问题。LSTM 结构明确地将状态向量 $\mathrm{s_j}$ 分解为 2 部分，一半称为“记忆单元”，另一半是运行记忆。记忆单元负责跟踪输入序列中元素之间的依赖关系。输入门控制新值流入记忆单元的范围，忘记门控制值保留在记忆单元中的范围，输出门控制记忆单元中的值用于计算 LSTM 单元的输出激活的范围。通常使用 sigmoid 函数作为 LSTM 门的激活函数[88]。LSTM 结构的形式化定义如下：

$$\begin{gathered}
s_j=R_{\mathrm{LSTM}}(s_{j-1},\ x_j)=[c_j;\ h_j],\\
c_j=f\cdot c_{j-1}+i\cdot z,\\
h_j=o\cdot\tanh(c_j),\\
i=\sigma(x_jW^{xi}+h_{j-1}W^{hi}),\\
f=\sigma(x_jW^{xf}+h_{j-1}W^{hf}),\\
o=\sigma(x_jW^{xo}+h_{j-1}W^{ho}),\\
z=\tanh(x_jW^{xz}+h_{j-1}W^{hz}),\\
y_j=O_{\mathrm{LSTM}}(s_j)=h_j.
\end{gathered} \tag{3-3}$$

时刻 j 的状态由 2 个向量组成，分别是 c_j 和 h_j，c_j 是记忆组件，h_j 是隐藏状态组件。3 种门结构中的 i 控制输入，f 控制遗忘，o 控制输出。一个 sigmod 激活函数结合当前输入 x_j 和前一个状态 h_{j-1} 的线性组合来得到当前门的值。一个更新后选项 z 由 x_j 和 h_{j-1} 的线性组合通过一个 tanh

激活函数来得到，然后记忆 c_j 被更新。最后，通过一个 tanh 非线性激活函数和 c_j 得到 h_j 的内容，该值同时受输出门控制。这样的门机制能够使得与记忆 c_j 相关的梯度即使跨过了很长的时间距离仍然保留较高的值[89]。本书使用双向长短期记忆网络（Bi - directional Long Short - Term Memory，bi - LSTM)从词嵌入处理后的文本序列中学习 2 个方向上的表示特征，它是由前向 LSTM 与后向 LSTM 组合而成，在自然语言处理任务中常被用来建模上下文信息[90]。

(3)CRF 标注层。

如果一个句子的标签序列 $y=(y_1, y_2, \cdots, y_n)$，它的长度等于句子的长度，那么，句子 x 每一个位置的标签等于模型对 y 的打分：

$$\text{score}(x, y)=\sum_{i=1}^{n+1} A_{y_{i-1}, y_i}+\sum_{i=1}^{n} B_{i, y_i}+\Phi(\eta_1, \eta_2, \varepsilon, \Delta, \psi) \tag{3-4}$$

每个位置的打分由 2 部分得到，一部分是由 LSTM 输出的 b_i 决定，另一部分则由 CRF 的转移矩阵 A 决定，ϕ 是罚函数。模型的学习策略是通过学习使得条件概率 $P(y \mid x)$最大，即

$$P(y \mid x)=\frac{\exp(\text{score}(x, y))}{\sum_{y'} \exp(\text{score}(x, y'))} \tag{3-5}$$

Viterbi 算法被用来求解模型的最优值，该算法在 2.6.1 节中提到。

3.1.2　实验设置

训练基于 LSTM - CRF 架构的深度学习模型需要确定的超参数包括：①词嵌入维数；②词嵌入长度；③神经元激活函数类型；④代价函数；⑤权值初始化方法；⑥各隐层神经元个数；⑦优化器；⑧学习速率；⑨学习周期；⑩批量大小。在这些超参数中，①和②由开发集的大小决定，④、⑤和⑥由一些常用策略决定，③、⑦、⑧、⑨和⑩由随机搜索决定。

由于开发集中有 1200 个不同的单词，每个句子包含的单词少于 60 个，本书将单词嵌入维度设置为 1200，将单词嵌入长度设置为 60。

为了寻找超参数的最优值，本书采用了以下策略：首先，确定激活函数的类型，然后确定代价函数的类型和权重初始化方法。其次，根据网络拓扑结构，确定神经网络各隐层的神经元数目。最后，对于剩余的超参数，先随机给出一个可能的值。在代价函数中，不考虑正则项的存在，并调整学习率以获得合适的阈值。在调整学习率的过程中，以阈值的一半作

为初始值。通过实验确定了批量的大小，然后不断调整优化学习率设置，并根据验证数据选择适合的正则化参数。确定正则化参数后，再返回并重新优化学习率。通过以上实验，整体观察确定了各批次的参数。

在所有参数中，首先要选择神经元激活功能的类型。Sigmoid 函数、Tanh 函数和 ReLU 函数是最常用的激活函数，但是 Sigmoid 函数和 Tanh 函数会遇到梯度消失的问题，不利于神经网络向更深层次的结构扩展。ReLU 克服了这个问题，它解决了梯度消失的问题，因此允许神经网络扩展到更深的层次。所以本书选择 ReLU 作为激活函数。

由于序列标注任务是一个分类任务，在实验中应该使用的代价函数是交叉熵(cross - entropy)。对于具有 n_{in} 神经元的输入层，初始权值是均值为 0，标准差为高斯(Gaussian)随机分布。本书通过随机搜索来确定优化器，要调整的超级参数包括 SGD[91]、AdaDelta[92]、Adam[93]和 RMSProp[94]。

学习率的调整步骤如下：首先，本书选择训练数据上的代价刚开始下降时(而不是振荡或增加)作为学习率阈值，不必精确地确定其大小。如果在前几轮训练中成本开始下降，就逐渐提高学习率的幅度。如果成本函数曲线开始振荡或增加，就试图减小幅度，直到本轮开始时学习成本下降。

表 3 - 1 总结了由开发集、常用策略和随机搜索方法确定的实验中使用的相关超参数。表中的最后一列是随机搜索的参数范围。为了避免过拟合问题，本书使用了一个简单的 dropout 策略[95]来减少 10%的冗余节点。

需要特别说明的是，本书接下来所有的实验都是在 LSTM - CRF 架构上采用各种策略对模型进行改进和完善，基础的 LSTM - CRF 架构不变，实验所用的超参数也基本不变，故在接下来的实验中，不再讨论实验参数设置问题，若无特殊说明，实验均沿用表 3 - 1 中的超参数设置。

表 3 - 1　基于 bi - LSTM - CRF 架构的深度学习阅读眼动模型超参数设置

层	超参数	值	参数取值范围
Embedding	output dim	32	/
	input dim	1200	/
	input length	60	/
L - LSTM	units	32	/
R - LSTM	units	32	/
Time Distributed	units	50	/

表 3-1(续)

层	超参数	值	参数取值范围
Global	activation	ReLU	[Sigmoid, Tanh, ReLU]
	cost	cross _ entropy	/
	kernel initializer	random _ normal	/
	optimizer	RMSProp	[SGD, AdaDelta, Adam, RMSProp]
	learning rate	2.5	[0.025, 0.25, 2.5]
	learning epoch	100	[50, 100, 150, 200]
	batch size	16	[8, 16, 32]
	validation split	0.2	/

3.1.3　实验结果与分析

由于神经网络的初始化参数采用随机初始化形式设置，所以每次带来的实验结果会不尽相同。为了更全面客观地描述模型的性能，基于 3.1.1 中讨论的网络结构和 3.1.2 中讨论的实验设置，本书设计了基于 LSTM - CRF 架构的阅读眼动注视序列标注模型，并在 2.5 节讨论的实验平台上编程实现该模型。通过运行程序 100 次，得出实验结果，将被试 1～10 的实验结果平均值记录在表 3-2 中。

表 3-2 中包含了 10 名被试的眼动数据统计及模型对其阅读注视预测情况的统计。其中，第 1 列是被试 ID；第 2 列是每名被试总共阅读的单词数(因为每名被试均阅读了相同的 55 段文字，故所阅读的单词数均为 2743)；第 3 列是每名被试阅读 55 段文字时总的注视词数(因每个人的眼动模式不同，故注视词数各不相同)；第 4 列是注视率(注视率＝注视词数/单词数)；第 5 列是模型预测的准确率，由公式(2-6)计算得出；第 6 列是模型预测的精确率(查准率)，由公式(2-7)计算得出；第 7 列是模型预测的召回率(查全率)，由公式(2-8)计算得出；第 8 列是模型预测的 $F1$ 分数，由公式(2-9)计算得出。

从表 3-2 中可以看出，除了 2 号、6 号、10 号被试之外，模型对 10 名被试的阅读注视词预测准确率均高于注视率。模型在 10 名被试上的精确率(查准率)和召回率(查全率)均高于模型的准确率，$F1$ 分数高于准确率且位于精确率和召回率之间，而精确率和召回率则各有高低，但总体平均精确率(查准率)高于总体平均召回率(查全率)。

为了更好地与上一次实验设定的基线进行比较，本书在表 3－3 中给出了基线模型(基于 CRF)和基于 LSTM－CRF 架构的模型实验结果 F1 分数平均值对比。为了更详细地描述 100 次实验得到的 F1 分数分布情况，在每名被试的 F1 分数平均值之后还给出了标准偏差。

表 3－2　基于 LSTM－CRF 架构的深度学习阅读眼动模型实验结果

被试 ID	单词数	注视词数	注视率/%	准确率 *A*/%	精确率 *P*/%	召回率 *R*/%	*F*1/%
被试 1	2743	1807	65.88	69.77	70.70	69.96	70.33
被试 2	2743	1700	61.98	57.54	60.18	58.45	59.30
被试 3	2743	1485	54.14	54.83	55.11	55.92	55.51
被试 4	2743	1528	55.71	56.68	56.84	57.94	57.38
被试 5	2743	1355	49.40	58.47	59.31	59.01	59.16
被试 6	2743	1725	62.89	61.59	61.90	62.08	61.99
被试 7	2743	1699	61.94	71.80	74.53	72.61	73.56
被试 8	2743	1473	53.70	59.28	60.03	61.06	60.54
被试 9	2743	1391	50.71	61.87	63.92	62.09	62.99
被试 10	2743	1694	61.76	54.88	56.57	54.90	55.72
平均值	2743	1585.7	57.81	60.67	61.91	61.40	61.65

表 3－3　基于 LSTM－CRF 架构与基于 CRF 架构的阅读眼动模型 *F*1 分数对比表

被试 ID	CRF (Baseline)		LSTM－CRF	
	平均值 /%	标准偏差 /%	平均值 /%	标准偏差 /%
被试 1	70.33	1.78	70.91	1.47
被试 2	59.30	1.70	61.46	1.75
被试 3	55.51	1.52	62.60	1.17
被试 4	57.38	1.24	64.13	1.57
被试 5	59.16	1.17	65.10	1.09
被试 6	61.99	1.06	69.50	1.56
被试 7	73.56	1.75	75.63	1.67
被试 8	60.54	1.44	60.80	1.16
被试 9	62.99	1.06	65.98	1.05
被试 10	55.72	1.83	62.78	1.56
平均值	61.65	1.45	65.89	1.40

从表 3－3 中可以看出，对每名被试来说，基于 LSTM－CRF 架构的模型均比基线模型(基于 CRF)的 F1 分数平均值高，且标准偏差在 1～2 之

间。与基线模型相同，基于 LSTM－CRF 架构的模型得到的每名被试的 F1 分数有高有低，但在总体趋势上 2 个架构得出的结果一致。

为了更直观地展现基于 LSTM－CRF 架构的模型优于基线模型，本书使用小提琴图展示二者所获得 *F*1 分数及标准偏差，如图 3－2 所示。

小提琴图(violin plot)是箱线图与核密度图的结合，具备箱线图展示分位数位置的功能，也具备核密度图展示任意位置密度的功能。此外，通过小提琴图可以知道数据点聚集较多的位置，因其形似小提琴而得名。其外围的曲线宽度代表数据点分布的密度，中间的箱线图则和普通箱线图表征的意义是一样的，代表着中位数、上下分位数、极差等。小提琴图结合了箱线图与核密度估计图的特点，它表征了在 1 个或多个分类变量情况下，连续变量数据的分布并进行了比较，它是一种观察多个数据分布的有效方法。

在图 3－2 中，X 轴是被试 ID，对于每一名被试，深色(左侧)为基于 CRF 的模型 *F*1 分数分布，浅色(右侧)为基于 LSTM－CRF 架构的模型 *F*1 分数分布。可以观察到，对于所有 10 名被试，基于 LSTM－CRF 架构的模型 F1 分数中位数均比基于 CRF 的模型高。同时，从表 3－2 中可以看出，对于所有 10 名被试，基于 LSTM－CRF 架构的模型 *F*1 分数平均值均比基于 CRF 的模型高。

此时，本书把基线模型设置为基于 LSTM－CRF 架构的模型，接下来的实验都以基于 LSTM－CRF 架构的模型实验结果为基线。

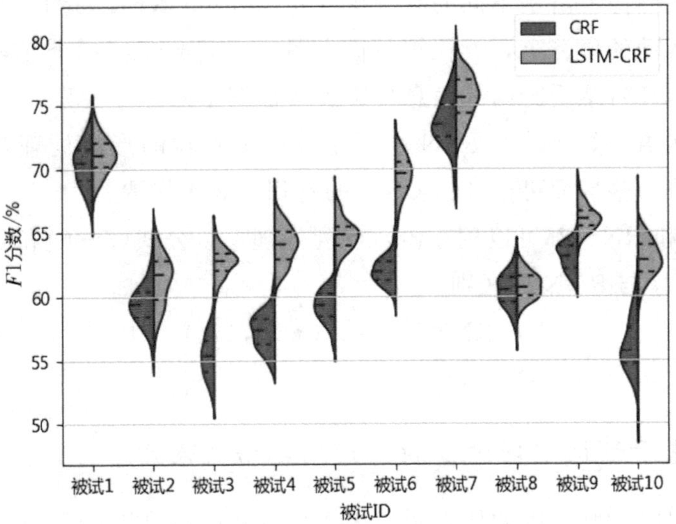

图 3－2　基于 LSTM－CRF 架构与基于 CRF 架构的阅读眼动模型性能对比图

综上可以得出结论：在阅读眼动序列标注任务上，基于 LSTM－CRF 架构的模型要优于基于 CRF 的模型。其原因是：基于 LSTM－CRF 架构的模型在标注之前，利用长短期记忆网络提取了语言序列的长短期特征，这样利用了文字序列的上下文关系。

3.2 基于预训练词向量和语言数据一维卷积的阅读词富语义表示

3.2.1 语言数据的预训练与卷积

NLP 深度学习架构通常以嵌入层开始，该嵌入层将一个独热(one－hot)编码的单词转换为稠密矢量表示。可以从头开始训练嵌入层，也可以使用预训练的单词向量，如 Word2Vec[96]，FastText[97]或 Glove[98]，这些词向量通过无监督学习方法训练海量语言数据而得到。预训练的词向量非常有效，原因有二：一是基于海量单词的上下文，二是可以减少应用模型的参数数量，从而显著降低过度拟合的可能性[99]。

卷积神经网络(Convolutional Neural Networks，CNN)是一种前馈神经网络[100]，是深度学习的代表算法之一。卷积神经网络采用称为卷积的数学运算[101]，使其具有表征学习(representation learning)能力。在图像处理中，卷积层一池化层被认为能够提取输入图像的平移不变特征[102]。它通过在输入图像上滑动不同的卷积核(convolution kernel)运行一定的运算，在每一个滑动的位置上，卷积核与输入图像之间会运行一个元素对应乘积并求和的运算将感受野内的信息投影到特征图中的一个元素。

在自然语言处理中，CNN 主要是以一维卷积的形式处理英文。英文字母潜藏着一些特征可以通过 CNN 的卷积运算来提取。

CNN 和 RNN 都可以用在语言序列处理上，公式(3－6)和公式(3－7)说明了 CNN 与 RNN 的区别。

$$\text{RNN：}\ y_t = f(y_{t-1},\ x_t) \tag{3-6}$$

$$\text{CNN：}\ y_t = f(x_{t-1},\ x_t,\ x_{t+1}) \tag{3-7}$$

3.2.2 基于预训练词向量的阅读词富语义表示

构造词向量所使用的技术叫词嵌入(word embedding)，是自然语言处理(NLP)中一组语言建模和功能学习技术的总称。

例如，“刘亦菲”和“生物科学”是语义上完全不同的词，所以它们的词向量在一个合理的词嵌入空间的距离会非常遥远。但“清华大学”和“南京大学”是比较相关的，所以它们的词向量之间的距离相对小(图 3-3)。

词映射到向量上之后，量除了有距离关系之外，还存在可以相加或相减的关系[103]。例如，C(king)-C(queen) ≈ C(man)-C(woman)，而与 C(king)-C(man) + C(woman) 的计算结果最接近的向量就是 C(queen)(图 3-4)。

上述运算的语义关系即，国王减去男人的属性再加上女人的属性，得到的向量与王后这个词对应的向量相近，这种运算结果也是符合实际的语义关系的。

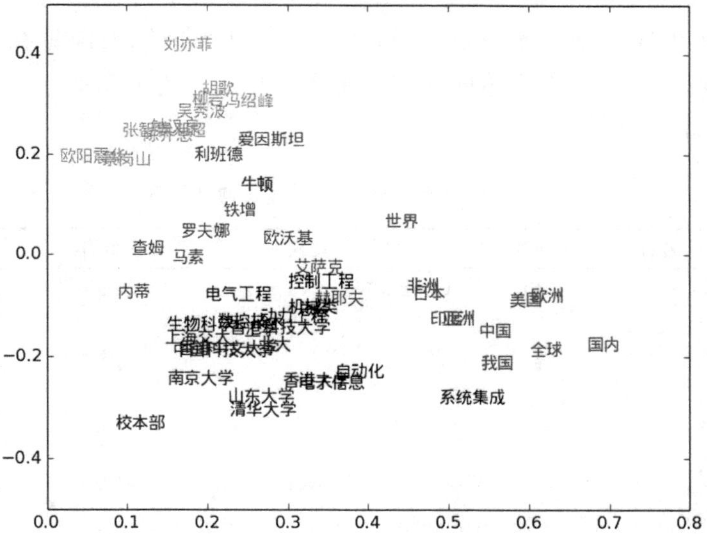

图 3-3　词向量的空间距离示例图

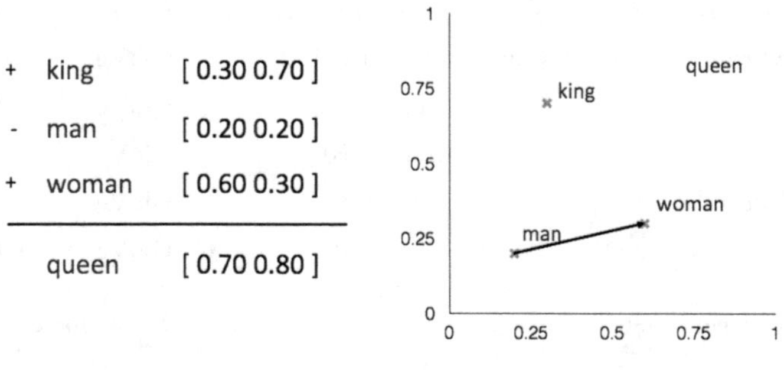

图 3-4　词向量加减与单词语义关系示例图

在深度学习过程中，从头开始训练词向量也是可行的，但是参与训练的单词比较少，因而得到的词向量不如那些用大型语料训练出来的词向量更符合实际的语义关系。

这些实验结果中最容易理解的是：语料越大，词向量越好。词向量的好坏，会直接影响模型的实验结果，对于没有 GPU 资源的人来说，训练词向量是一个很消耗时间的过程，训练好的词向量还不一定好。表 3-4 是一些公开的训练好的词向量。

不同的预训练词向量使用的模型训练架构不同，但词向量训练不是本书讨论的范围，故不再赘述。本书直接使用 glove. 6B. 100d 预训练词向量，其中，glove 是训练词向量使用的架构——Glove 是“Global Vectors for Word Representation”的缩写；B 是单词 billion 的缩写，表示训练语料规模；d 表示生成的词向量维度。glove. 6B. 100d 预训练词向量在英文维基百科上训练，有 6 百万个不同的词，每个词用 100 维向量表示，词向量文件大小约为 822M。

表 3-4　一些公开的预训练词向量列表

词向量名称	维度	语料库(规模)	发布者	架构
Google News	300	Google News (100B)	Google	word2vec
Freebase IDs	1000	Gooogle News (100B)	Google	word2vec, skip－gram
Freebase names	1000	Gooogle News (100B)	Google	word2vec, skip－gram
Wikipedia＋Gigaword 5	50	Wikipedia＋Gigaword 5 (6B)	GloVe	GloVe
Wikipedia＋Gigaword 5	100	Wikipedia＋Gigaword 5 (6B)	GloVe	GloVe
Wikipedia＋Gigaword 5	200	Wikipedia＋Gigaword 5 (6B)	GloVe	GloVe
Wikipedia＋Gigaword 5	300	Wikipedia＋Gigaword 5 (6B)	GloVe	GloVe
Common Crawl 42B	300	Common Crawl (42B)	GloVe	GloVe
Common Crawl 840B	300	Common Crawl (840B)	GloVe	GloVe
Twitter (2B Tweets)	25	Twitter (27B)	GloVe	GloVe
Twitter (2B Tweets)	50	Twitter (27B)	GloVe	GloVe
Twitter (2B Tweets)	100	Twitter (27B)	GloVe	GloVe
Twitter (2B Tweets)	200	Twitter (27B)	GloVe	GloVe
Wikipedia dependency	300	Wikipedia	Levy & Goldberg	word2vec modified
DBPedia vectors (wiki2vec)	1000	Wikipedia	Idio	word2vec

在 3.1.1 节中的模型中，加入一个 lookup 层，就构建了基于预训练词向量 LSTM－CRF(pre _ Emb－LSTM－CRF)架构的阅读眼动模型，如图 3－5 所示。

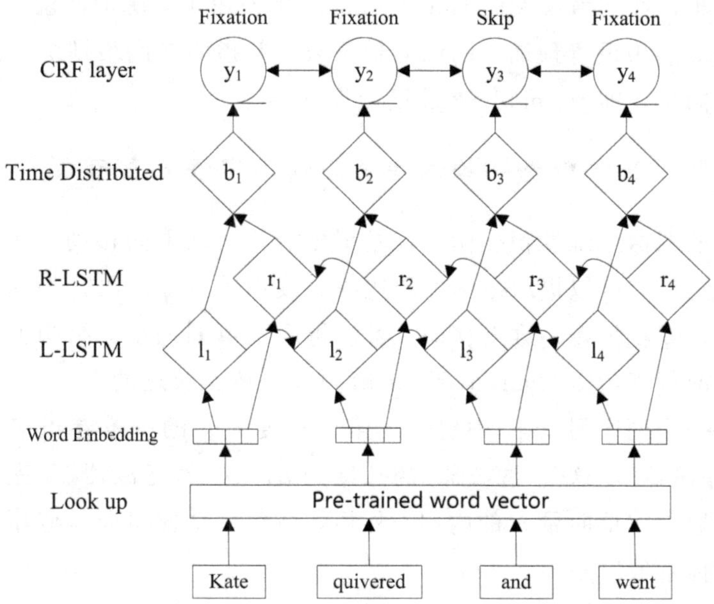

图 3－5　基于 pre _ Emb－LSTM－CRF 架构的深度学习阅读眼动模型

基于预训练词向量 LSTM－CRF 架构的关键技术是 lookup 层，其功能是从预训练好的词向量库中，根据输入的单词，按照词向量库索引查找对应的词向量，把词向量转化为本书实验平台 Keras 所需格式。Keras 中使用预训练词向量的层是 Embedding 层，而 Embedding 层中所需要的格式为一个巨大的“矩阵”：第 i 列表示词索引为 i 的词的词向量。所以，lookup 层的总体思路就是利用预训练词向量给 Embedding 层提供一个[word ：word _ vector]的词典来初始化 Embedding 层中所需要的大矩阵，并且标记为不可训练。具体步骤如下：

第一步，从下载的词向量文件中导入预训练的词向量。

第二步，构造“词语-词向量”字典：

(1)构造一个列表(list)存储所有单词：vocab _ list 存储所有词语。

(2)构造一个字典 word _ index ：{word ：index} ，key 是每个词语，value 是单词在字典中的序号。在后期序号化(tokenize)训练集的时候就是用该词典。

(3)构造一个大向量矩阵 embeddings _ matrix（按照 embedding 层的要求）：行数为所有单词数，列数为词向量维度。

第三步，填充上述步骤中的字典和大矩阵。

第四步，在网络模型的 Embedding 层中使用预训练词向量。重点是在 Embedding 层中设置预训练的词向量系数，并指明在网络训练的过程中不要更新词向量，即 trainable 参数设置为 False。

3.2.3 基于语言数据一维卷积的阅读词富语义表示

常见的图像二维卷积操作时，卷积核沿着二维平面移动，在相应的位置做卷积运算，可以提取出图像的边缘、纹理等特征。语言序列的一维卷积操作时，卷积核在一维上移动，可以提取出单词词型、结构上的一些特征，比如前后缀，football，basketball 可能是语义接近的。

考虑一个词序列 $w_{1:n}$ 中每个元素，宽度为 k 的一维卷积在句子上滑动一个“滤波器”，这个“滤波器”的长度为 k。这个“滤波器”要完成的操作是当前位置与权重向量 u 的内积。然后，将每一个窗口向量应用在滤波器上，得到标量值 p_i：

$$p_i = g(x_i \cdot u) \tag{3-8}$$

$$x_i = \odot(w_{i:i+k-1}) \tag{3-9}$$

式中，

$p_i \in R$

$x_i, u \in R^{k \cdot demb}$

g ——非线性激活函数。

通常增加一个偏置向量 b：

$$p_i = g(x_i \cdot u + b). \tag{3-10}$$

式中，

$p_i, b \in R^m$

$x_i \in R^{k \cdot demb}$

$U \in R^{k \cdot demb \times m}$

每一个向量 p_i 代表了第 i 个窗口的 m 个值的集合。每一维捕捉了不同种类的指示性信息。语言序列一维卷积操作见图 3-6。

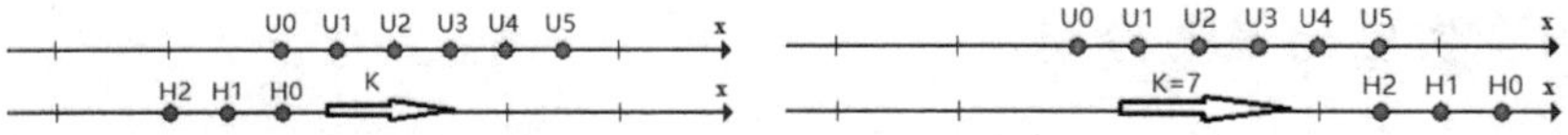

(a) $K=0$　　　(b) $K=7$

图 3-6　语言序列一维卷积操作示意图

在文本上进行卷积得到 n 个向量 $p_{1:n}$，$p_i \in R^m$。然后这些向量被结合(池化)成一个向量 c，相当于使用神经网络进行 n 元语法特征提取[104]。

本书使用的池化操作是 max - pooling[105]，即对每一个维度取最大值。

$$c_{[j]} = \max_{1<i\leqslant n} p_{i[j]}, \quad \forall j \in [1, m] \tag{3-11}$$

在 3.2.3 节提出的基于预训练词向量 LSTM - CRF 架构的阅读眼动模型基础上，首先，去掉 lookup 层，不再使用预训练词向量。然后，在词嵌入层之前加上卷积(convolution)层和池化(max pooling)层，对输入的文本序列进行卷积和池化操作，提取出隐藏在字符结构中的语言特征。

将本节所提出的架构以 CNN - LSTM - CRF 命名，名称中的字母表示了组成该架构的各个层级单元之间的大致位置关系，即在卷积池化层(CNN)之后是一个双向长短期记忆网络层(LSTM)，之后再接上一个条件随机场分类器(CRF)作为分类器。基于 CNN - LSTM - CRF 架构的深度学习阅读眼动模型如图 3-7 所示。

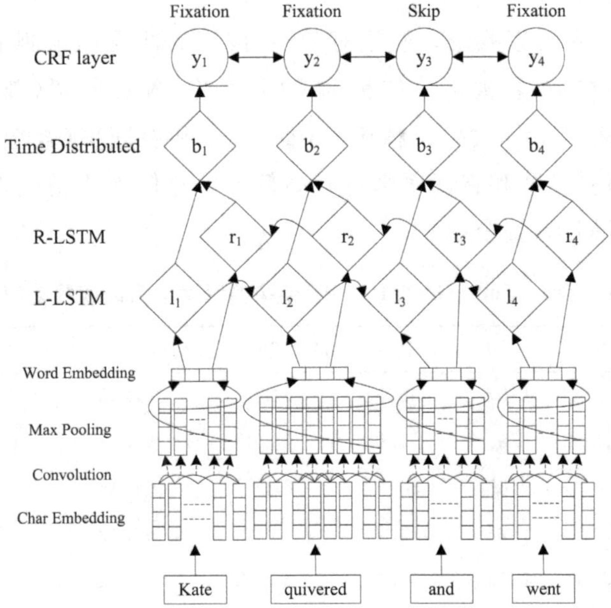

图 3-7　基于 CNN - LSTM - CRF 架构的深度学习阅读眼动模型

3.2.4 实验结果与分析

(1)使用预训练词向量。

由于神经网络的初始化参数采用随机初始化形式进行设置，所以每次带来的实验结果会不尽相同。为了更全面客观地描述模型的性能，基于3.2.2中讨论的网络结构在实验平台上使用预训练词向量的关键技术，本书设计了基于预训练词向量LSTM－CRF架构的阅读眼动注视序列标注模型，并在2.5节讨论的实验平台上编程实现该模型。通过运行程序100次，得出实验结果，将被试1～10的实验结果平均值记录在表3－5中。

表3－5中包含了10名被试的眼动数据统计及模型对他们阅读注视预测情况的统计。其中，第一列是被试ID，第二列是每一名被试总共阅读的单词数(因为每名被试均阅读了相同的55段文字，故所阅读的单词数均为2743)，第三列是每名被试阅读55段文字时总的注视词数(因每个人的眼动模式不同，故注视词数各不相同)，第四列是注视率(注视率＝注视词数/单词数)，第五列是模型预测的准确率，由公式(2－6)计算得出。第六列是模型预测的精确率(查准率)，由公式(2－7)计算得出。第七列是模型预测的召回率(查全率)，由公式(2－8)计算得出。第八列是模型预测的$F1$分数，由公式(2－9)计算得出。

从表3－5中可以看出，模型对10名被试的注视词预测准确率均高于注视率。模型在10名被试上的精确率(查准率)和召回率(查全率)均高于模型的准确率，$F1$分数位于精确率(查准率)和召回率(查全率)之间且高于准确率，而精确率和召回率则各有高低，但总体平均精确率(查准率)高于总体平均召回率(查全率)。

表3－5　基于pre_Emb－LSTM－CRF架构的深度学习阅读眼动模型实验结果

被试ID	单词数	注视词数	注视率%	准确率A/%	精确率P/%	召回率R/%	$F1$/%
被试1	2743	1807	65.88	71.47	71.65	71.77	71.71
被试2	2743	1700	61.98	63.97	64.88	65.75	65.31
被试3	2743	1485	54.14	63.67	64.46	65.43	64.94
被试4	2743	1528	55.71	65.26	66.12	65.94	66.03
被试5	2743	1355	49.40	65.82	68.22	66.66	67.43
被试6	2743	1725	62.89	69.23	69.96	70.99	70.47

表 3-5(续)

被试 ID	单词数	注视词数	注视率%	准确率 A/%	精确率 P/%	召回率 R/%	F1/%
被试 7	2743	1699	61.94	75.46	75.81	77.69	76.74
被试 8	2743	1473	53.70	59.66	61.78	60.12	60.94
被试 9	2743	1391	50.71	68.15	68.59	69.82	69.20
被试 10	2743	1694	61.76	63.64	63.74	63.92	63.83
平均值	2743	1585.7	57.81	66.63	67.52	67.81	67.66

表 3-6　基于 pre _ Emb-LSTM-CRF 架构与基于 LSTM-CRF 架构的阅读眼动模型 F1 分数对比表

被试 ID	LSTM－CRF (Baseline)		pre _ Emb-LSTM-CRF	
	平均值 /%	标准偏差 /%	平均值 /%	标准偏差 /%
被试 1	70.91	1.47	71.71	1.95
被试 2	61.46	1.75	65.31	1.54
被试 3	62.60	1.17	64.94	1.54
被试 4	64.13	1.57	66.03	1.28
被试 5	65.10	1.09	67.43	1.14
被试 6	69.50	1.56	70.47	1.59
被试 7	75.63	1.67	76.74	1.19
被试 8	60.80	1.16	60.94	1.31
被试 9	65.98	1.05	69.20	1.20
被试 10	62.78	1.56	63.83	1.23
平均值	65.89	1.40	67.66	1.40

为了更好地与上一次实验所设定的基线进行比较，本书在表 3-6 中给出了基线模型(基于 LSTM-CRF)和基于预训练词向量 LSTM-CRF 架构的模型实验结果 $F1$ 分数平均值对比。为了更详细地描述 $F1$ 分数的分布情况，在每名被试的 $F1$ 分数平均值之后还给出了标准偏差。

从表 3-6 中可以看出，对每名被试来说，基于 LSTM-CRF 架构的模型均比基线模型(基于 CRF)所得到的 $F1$ 分数平均值高，且标准偏差在 1～2 之间。每名被试的 $F1$ 分数有高有低，但在总体趋势上 2 个架构得出的结果相同。

为了更直观地展现基于预训练词向量 LSTM－CRF 架构的模型优于基线模型，本书使用小提琴图展示二者所获得的 $F1$ 分数及标准偏差，如图 3－8 所示。

在图 3－8 中，使用“pre _ Emb－LSTM－CRF”表示“预训练词向量 LSTM－CRF”模型。此外，X 轴是被试 ID，对于每一名被试，深色(左侧)为基于 LSTM－CRF 的模型 F1 分数分布，浅色(右侧)为基于预训练词向量 LSTM－CRF 的模型 F1 分数分布。可以观察到，对于所有 10 名被试，基于预训练词向量 LSTM－CRF 的模型 F1 分数中位数均比基于 LSTM－CRF 的模型高。同时，从表 3－6 中可以看出，对于所有 10 名被试，基于 LSTM－CRF 的模型 F1 分数平均值均比基于 CRF 的模型高。

此时，本书把基线模型设置为基于预训练词向量 LSTM－CRF 架构的模型，接下来的实验都以基于预训练词向量 LSTM－CRF 架构的模型实验结果为基线。

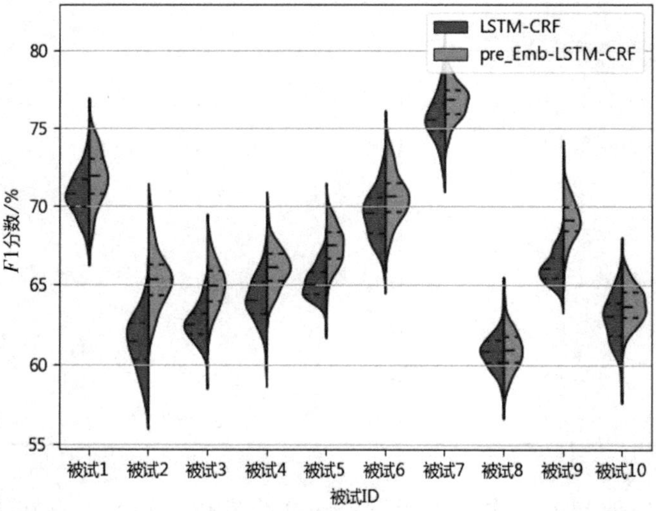

图 3－8　基于 pre _ Emb－LSTM－CRF 架构与基于 LSTM－CRF 架构的阅读眼动模型性能对比图

(2)使用语言数据一维卷积。

由于神经网络的初始化参数采用随机初始化形式进行设置，所以，每次带来的实验结果会不尽相同。为了更全面客观地描述模型的性能，基于 3.2.3 节中讨论的语言序列一维卷积、池化操作方法和网络架构，本书设计了基于 CNN－LSTM－CRF 架构的阅读眼动注视序列标注模型，并在

2.5 节讨论的实验平台上编程实现该模型。通过运行程序 100 次，得出实验结果，将被试 1～10 的实验结果平均值记录在表 3-7 中。

在表 3-7 中包含了 10 名被试的眼动数据统计及模型对他们阅读注视预测情况的统计。其中，第 1 列是被试 ID；第 2 列是每一名被试总共阅读的单词数(因为每名被试均阅读了相同的 55 段文字，故所阅读的单词数均为 2743)；第 3 列是每名被试阅读 55 段文字时总的注视词数(因每个人的眼动模式不同，故注视词数各不相同)；第 4 列是注视率(注视率=注视词数/单词数)；第 5 列是模型预测的准确率，由公式(2-6)计算得出；第 6 列是模型预测的精确率(查准率)，由公式(2-7)计算得出；第 7 列是模型预测的召回率(查全率)，由公式(2-8)计算得出；第 8 列是模型预测的 $F1$ 分数，由公式(2-9)计算得出。

从表 3-7 中得出，模型对 10 名被试的注视词预测准确率均高于注视率。模型在 10 名被试上的精确率(查准率)和召回率(查全率)均高于模型的准确率，$F1$ 分数位于精确率(查准率)和召回率(查全率)之间且高于准确率，而精确率和召回率则各有高低，但总体平均精确率(查准率)高于总体平均召回率(查全率)。

表 3-7　基于 CNN-LSTM-CRF 架构的深度学习阅读眼动模型实验结果

被试 ID	单词数	注视词数	注视率	准确率 A/%	精确率 P/%	召回率 R/%	$F1$/%
被试 1	2743	1807	65.88%	70.68	70.69	72.03	71.35
被试 2	2743	1700	61.98%	62.52	62.72	64.63	63.66
被试 3	2743	1485	54.14%	61.99	63.83	62.52	63.17
被试 4	2743	1528	55.71%	63.42	64.16	66.13	65.13
被试 5	2743	1355	49.40%	69.42	71.11	69.53	70.31
被试 6	2743	1725	62.89%	70.89	71.22	72.80	72.00
被试 7	2743	1699	61.94%	69.85	71.52	70.04	70.77
被试 8	2743	1473	53.70%	61.52	62.35	63.46	62.90
被试 9	2743	1391	50.71%	65.65	67.72	66.33	67.02
被试 10	2743	1694	61.76%	64.97	66.54	65.00	65.76
平均值	2743	1585.7	57.81%	66.09	67.18	67.25	67.21

为了更好地与上一次实验所设定的基线进行比较，本书在表 3-8 中给出了基线模型(基于预训练词向量 LSTM-CRF)和基于 CNN-LSTM-

CRF 架构的模型实验结果 $F1$ 分数平均值对比。为了更详细地描述 $F1$ 分数的分布情况，在每名被试的 $F1$ 分数平均值之后还给出了标准偏差。

在表 3－8 中对比基于预训练词向量 LSTM－CRF 和基于 CNN－LSTM－CRF 架构的模型实验结果，可以得知：后者并不是都高于前者，第 1、第 2、第 3、第 4、第 7、第 9 号被试均出现了后者低于前者的结果，且 10 名被试的总体平均值 67.21 小于基线 67.66。

为了更直观地展现基于 CNN－LSTM－CRF 架构的模型并未取得优于基线模型的效果，本书使用小提琴图展示二者所获得的 $F1$ 值及标准偏差（图 3－9）。

在图 3－9 中，X 轴是被试 ID，对于每一名被试，深色（左侧）为基于预训练词向量 LSTM－CRF 的模型的准确度分布，浅色（右侧）为基于 CNN－LSTM－CRF 的模型的准确度分布。可以观察到，大部分的基于 CNN－LSTM－CRF 的模型准确度中位数并未高于基于预训练词向量 LSTM－CRF 的模型。同时，从表 3－8 中可以看出，基于 CNN－LSTM－CRF 的模型准确度平均值低于基于预训练词向量 LSTM－CRF 的模型。

表 3－8　基于 CNN－LSTM－CRF 架构与基于 pre _ Emb－LSTM－CRF 架构的阅读眼动模型 $F1$ 分数对比表

被试 ID	pre _ Emb－LSTM－CRF (Baseline)		CNN－LSTM－CRF	
	平均值 /%	标准偏差 /%	平均值 /%	标准偏差 /%
被试 1	71.71	1.95	71.35	1.08
被试 2	65.31	1.54	63.66	1.28
被试 3	64.94	1.54	63.17	1.67
被试 4	66.03	1.28	65.13	1.89
被试 5	67.43	1.14	70.31	1.90
被试 6	70.47	1.59	72.00	1.35
被试 7	76.74	1.19	70.77	1.54
被试 8	60.94	1.31	62.90	1.36
被试 9	69.20	1.20	67.02	1.64
被试 10	63.83	1.23	65.76	1.27
平均值	67.66	1.40	67.21	1.50

鉴于此，本书不改变基线模型的设置，在接下来的实验中，仍然以基于预训练词向量 LSTM－CRF 架构的模型为基线模型，由它产生的实验结果为基线。为了方便表示，如果没有特别说明，本书在接下来的陈述中所提到的 LSTM－CRF 均指包含了预训练词向量的 LSTM－CRF。

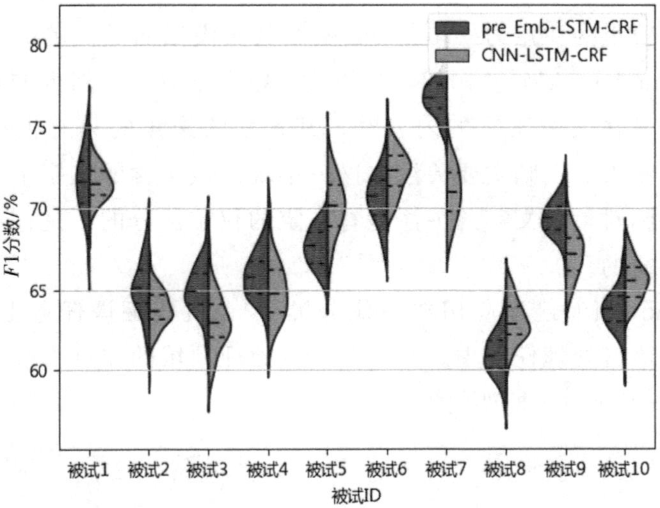

图 3－9　基于 CNN－LSTM－CRF 架构与基于 pre _ Emb－LSTM－CRF 架构的阅读眼动模型性能对比图

综上可以得出结论：①在阅读眼动序列标记任务上，使用预训练词向量的深度学习模型要优于基于 LSTM－CRF 的模型。原因是：由于预训练词向量使用的是海量训练语料，比本书实验所用的阅读眼动语料要大得多，因而预训练词向量所表征的单词关系更符合自然语言的语义关系，这些与跟自然语义高度接近的词向量馈送到神经网络之后，更有利于神经网络模型提取出有用的语言信息，从而进行符合实际的标注。②在阅读眼动序列标记任务上，基于 CNN－LSTM－CRF 架构的模型并不优于基于预训练词向量 LSTM－CRF 的模型。原因是：同样前后缀的单词在语义上可能相近，基于预训练词向量已经较好地表征了此关系，CNN 提取字符特征之后的单词表征(representation)不如预训练词向量给出的单词表征有效，但 CNN 却增加了网络复杂度，在这种情况下降低了网络的准确率。

3.3 融入注意力机制的阅读眼动模型架构

3.3.1 深度学习语言序列处理的注意力机制

深度学习里的注意力(attention)机制其实模拟的是人脑的注意力模型(attention model，AM)。例如，当阅读一段文字时，虽然人的视野可及整段文字，但是在阅读文字的内容时，其实眼睛聚焦的只有很小的一个区域，这个时候人的大脑主要关注在这一小块区域包含的文字上，也就是说这个时候人脑对整段文字的关注是有一定的权重区分的，是存在注意力资源分配不均衡的。

Attention 机制已被应用在图像分类[106]，机器翻译任务上的对齐[107]等各种自然语言处理任务中。在自然语言处理领域的注意力模型一般是基于 Encoder - Decoder 框架的[108]。

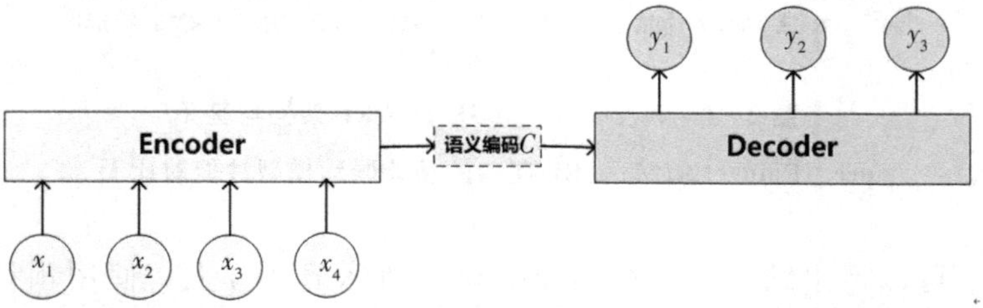

图 3 - 10　自然语言处理领域的 Encoder - Decoder 框架

图 3 - 10 是自然语言处理领域里的 Encoder - Decoder 框架，它的基本思想是：把句子 X，通过 Encoder - Decoder 框架生成句子 Y。其中，X 和 Y 分别由各自的序列构成：

$$X = \langle x_1, x_2, \cdots, x_m \rangle \quad (3-12)$$

$$Y = \langle y_1, y_2, \cdots, y_m \rangle \quad (3-13)$$

输入句子 X 通过 Encoder 的非线性变换转化为中间语义表示 C：

$$C = F(x_1, x_2, \cdots x_m) \quad (3-14)$$

然后，根据中间语义表示 C 和之前已经生成的历史输出 y_1，y_2，…，y_{i-1}，经解码器 Decoder 来生成第 i 时刻要生成的输出 y_i：

$$y_i = G(C, y_1, y_2, \cdots, y_{i-1}) \quad (3-15)$$

然而，图 3 - 10 中展示的没有体现出“注意力”的模型，在没有融入注意力机制的 Encoder - Decoder 模型中，每个输出的生成过程如下：

$$y_1 = f(C)$$

$$y_2 = f(C, y_1)$$

$$y_3 = f(C, y_1, y_2) \tag{3-16}$$

可以看出，生成输出 y_1，y_2，y_3 所使用的句子 X 的语义编码 C 都是一样的，没有体现出注意力机制。

下面拿阅读眼动注视序列标注任务来解释这个没有体现出注意力机制的模型。比如模型的输入是："Kate quivered and went to the window"，Encoder - Decoder 框架逐步生成标注结果："Fixation，Fixation，Skip，Fixation，Skip，Fixation，Fixation"。在标注"to"这个单词的时候，其他单词对于把"to"标注为"Skip"的贡献是相同的，而实际上，最有影响力的应该是"to"本身，其次是它前后的单词。引入 Attention 机制之后，在标注"to"时，每个单词对当前单词的影响程度应有所体现。例如，给出一个概率分布值：

(went，0.2)(to，0.7)(the，0.1)

括号中的数字代表在标注"to"这个单词时，注意力模型分配给各单词的注意力。增加了注意力机制的 Encoder - Decoder 框架如图 3 - 11 所示。

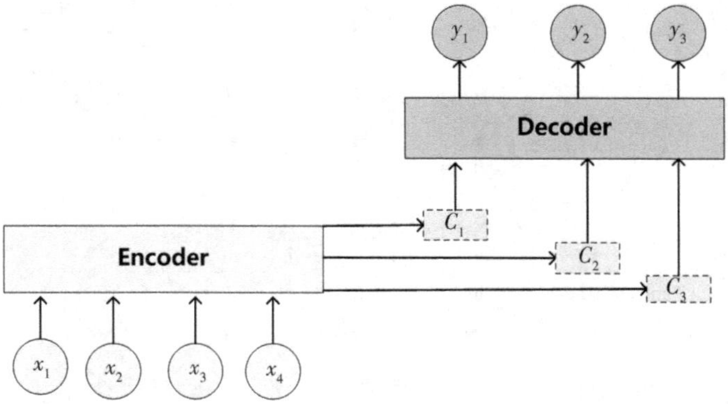

图 3 - 11 引入注意力机制的 Encoder - Decoder 框架

此时，生成目标输出标注的过程变成了下面的形式：

$$y_1 = f1(C_1)$$

$$y_2 = f1(C_2, y_1)$$

$$y_3 = f1(C_3, y_1, y_2) \tag{3-17}$$

每个 C_i 可能对应着不同的注意力分配概率分布。例如对于上面的阅读眼动注视标注来说，其对应的信息可能如下：

$$C_1 = g(0.6 * f2(\text{"}Kate\text{"}),\ 0.2 * f2(\text{"}quivered\text{"}),\ 0.2 * f2(\text{"}and\text{"}))$$
$$C_2 = g(0.2 * f2(\text{"}Kate\text{"}),\ 0.7 * f2(\text{"}quivered\text{"}),\ 0.1 * f2(\text{"}and\text{"}))$$
$$C_3 = g(0.3 * f2(\text{"}Kate\text{"}),\ 0.2 * f2(\text{"}quivered\text{"}),\ 0.5 * f2(\text{"}and\text{"}))$$
(3－18)

其中，$f2$ 函数代表 Encoder 对输入的某种变换函数，g 函数用构成元素加权求和的方式表示合成整个句子的中间语义，常常使用下列公式：

$$C_i = \sum_{j=1}^{Tx} a_{ij} h_j \tag{3-19}$$

3.3.2 融入注意力机制的词-眼序列解码模式

融入注意力机制的深度学习阅读眼动模型，就是在 3.2 节模型的基础上，在 LSTM 层之后加上一个 Attention 层，来捕获句子级的单词注意。如图 3－12 所示。

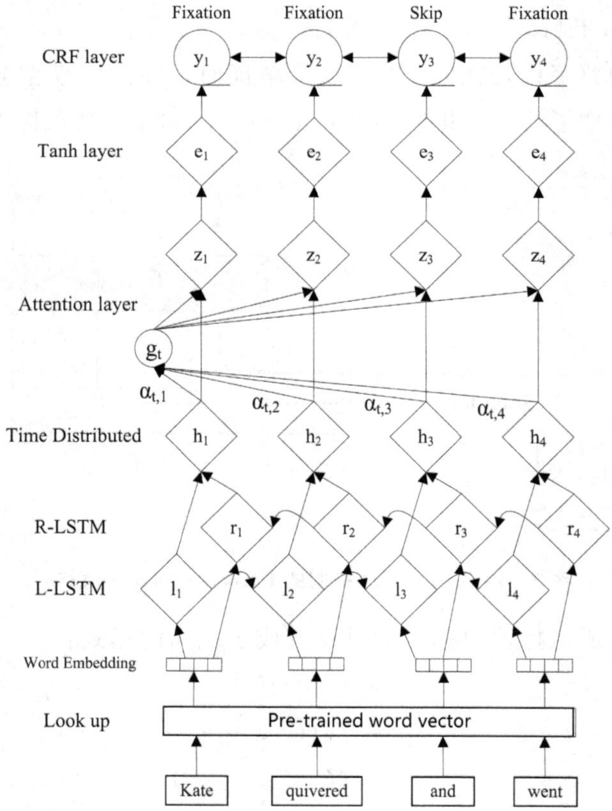

图 3－12　融入注意力机制的深度学习阅读眼动模型

对于由 n 个单词组成的输入句子 $X = (X_1, \cdots, X_t, \cdots, X_n)$，在 Attention 层，本书引入注意力矩阵 A 来计算当前标注和语料库中所有词之间的关联度。通过将第 t 个当前标注 x_t 与文本中的第 j 个单词 x_j 进行关联，得出注意力矩阵中的关注权重值 $\alpha_{t,j}$：

$$\alpha_{t,j} = \frac{\exp(\text{score}(x_t, x_j))}{\sum_k \exp(\text{score}(x_t, x_k))} \tag{3-20}$$

在这里，score 被称为对齐函数，本书为其定义以下 4 个替代方案(曼哈顿距离，欧几里得距离，余弦距离和感知器)：

$$\text{score}(x_t, x_j) = \begin{cases} W_a \mid x_t - x_j \mid \\ W_a (x_t - x_j)^T (x_t - x_j) \\ \dfrac{W_a (x_t \cdot x_j)}{\mid x_t \mid \mid x_j \mid} \\ \tanh(W_a [x_t; x_j]) \end{cases} \tag{3-21}$$

其中权重矩阵 W_a 是模型的参数，而"・"是逐元素乘积。对于对齐函数的分数，当 2 个向量 x_t 和 x_j 更相似时，余弦距离和感知器的分数值较大。相反，当 2 个向量更相似时，曼哈顿距离和欧氏距离的得分值较小。因此，曼哈顿距离和欧几里得距离的最终得分是通过最大得分减去平均得分来计算的，当向量更相似时，它们的最终得分更大。

然后，将句子级的全局矢量 g_t 计算为每个 bi－LSTM 输出 h_j 的加权和：

$$g_t = \sum_{j=1}^{N} \alpha_{t,j} h_j \tag{3-22}$$

接下来，将句子级全局向量和目标单词的 bi－LSTM 输出连接为向量 $[g_t; h_t]$ 传递给 tanh 函数以生成 attention 层的输出：

$$z_t = \tanh(W_g [g_t; h_t]) \tag{3-23}$$

然后，使用 attention 层之上的 tanh 层来预测单词的置信度得分，该单词的置信度得分将每个可能的标签作为网络的输出得分：

$$e_t = \tanh(W_e z_t) \tag{3-24}$$

最后，类似于 LSTM－CRF 模型，添加了 CRF 层以解码所有可能的标签路径中的最佳标签路径 y：

$$\text{score}(y) = \sum_m \sum_{i=1}^{n} (T_{y_{i-1}, y_i} + P_{i, y_i}) \tag{3-25}$$

接下来，与 LSMT－CRF 模型一样，用 softmax 函数产生路径的条件概率。在训练阶段，模型的目标是使正确标签序列的对数概率最大化。用维特比算法计算最佳标记序列以进行推理。

3.3.3 实验结果与分析

由于神经网络的初始化参数采用随机初始化形式进行设置，所以每次带来的实验结果会不尽相同。为了更全面客观地描述模型的性能，基于3.3.2中讨论的网络结构和在LSTM之后加入注意力计算的方法，本书设计了融合注意力机制的LSTM－CRF架构（记为LSTM－Attention－CRF），用于构造阅读眼动注视序列标注模型，并在2.5节讨论的实验平台上编程实现该模型。

为了简化名称，在LSTM－Attention－CRF命名中，没有关于预训练词向量（pre_Emb）的字眼，但实际上，该架构包含了使用预训练词向量的操作。

通过运行程序100次，得出实验结果，将被试1～10的实验结果平均值记录在表3－9中。表3－9中包含了10名被试的眼动数据统计及模型对他们阅读注视预测情况的统计，其中，第1列是被试ID；第2列是每一名被试总计阅读的单词数（因为每名被试均阅读了相同的55段文字，故所阅读的单词数均为2743）；第3列是每名被试阅读55段文字时总的注视词数（因每个人的眼动模式不同，故注视词数各不相同）；第4列是注视率（注视率＝注视词数/单词数）；第5列是模型预测的准确率，由公式（2－6）计算得出；第6列是模型预测的精确率（查准率），由公式（2－7）计算得出；第7列是模型预测的召回率（查全率），由公式（2－8）计算得出；第8列是模型预测的$F1$分数，由公式（2－9）计算得出。

从表3－9中可以看出，模型对10名被试的注视词预测准确率均高于注视率。模型在10名被试上的精确率（查准率）和召回率（查全率）均高于模型的准确率，$F1$分数位于精确率（查准率）和召回率（查全率）之间且高于准确率，而精确率和召回率则各有高低，但总体平均精确率（查准率）高于总体平均召回率（查全率）。

表3－9　基于LSTM－Attention－CRF架构的深度学习阅读眼动模型实验结果

被试ID	单词数	注视词数	注视率	准确率A/%	精确率P/%	召回率R/%	$F1$/%
被试1	2743	1807	65.88%	77.61	78.93	77.78	78.35
被试2	2743	1700	61.98%	66.30	67.76	66.32	67.03

表 3 - 9(续)

被试 ID	单词数	注视词数	注视率	准确率 A/%	精确率 P/%	召回率 R/%	$F1$/%
被试 3	2743	1485	54.14%	67.40	68.48	67.49	67.98
被试 4	2743	1528	55.71%	66.66	67.00	68.11	67.55
被试 5	2743	1355	49.40%	72.59	72.86	73.04	72.95
被试 6	2743	1725	62.89%	76.54	77.94	76.67	77.30
被试 7	2743	1699	61.94%	78.77	80.52	79.48	80.00
被试 8	2743	1473	53.70%	61.76	63.36	62.57	62.96
被试 9	2743	1391	50.71%	73.14	73.20	73.40	73.30
被试 10	2743	1694	61.76%	69.50	70.04	71.96	70.99
平均值	2743	1585.7	57.81%	71.03	72.01	71.68	71.84

为了更好地与上一次实验所设定的基线进行比较，本书在表 3 - 10 中给出了基线模型（基于预训练词向量 LSTM - CRF）和基于 LSTM - Attention - CRF 架构的模型实验结果 $F1$ 分数平均值对比。为了更详细地描述 $F1$ 分数的分布情况，在每名被试的 $F1$ 分数平均值之后还给出了标准偏差。

从表 3 - 10 中可以看出，对每名被试来说，基于 LSTM - Attention - CRF 架构的模型均比基线模型(基于预训练词向量 LSTM - CRF)所得到的 $F1$ 分数平均值高，且标准偏差在 1～2 之间。每名被试的 F1 分数有高有低，但在总体趋势上 2 个架构得出的结果相同。

表 3 - 10　基于 LSTM - Attention - CRF 与基于 pre _ Emb - LSTM - CRF 架构的阅读眼动模型 $F1$ 分数对比表

被试 ID	pre _ Emb - LSTM - CRF (Baseline)		LSTM - Attention - CRF	
	平均值 /%	标准偏差 /%	平均值 /%	标准偏差 /%
被试 1	71.71	1.95	78.35	1.12
被试 2	65.31	1.54	67.03	1.72
被试 3	64.94	1.54	67.98	1.02
被试 4	66.03	1.28	67.55	1.23
被试 5	67.43	1.14	72.95	1.62
被试 6	70.47	1.59	77.30	1.49

表 3－10(续)

被试 ID	pre _ Emb - LSTM - CRF (Baseline)		LSTM - Attention - CRF	
	平均值 /%	标准偏差 /%	平均值 /%	标准偏差 /%
被试 7	76.74	1.19	80.00	1.45
被试 8	60.94	1.31	62.96	1.78
被试 9	69.20	1.20	73.30	1.81
被试 10	63.83	1.23	70.99	1.41
平均值	67.66	1.40	71.84	1.47

为了更直观地展现基于 LSTM - Attention - CRF 架构的模型优于基线模型，本书使用小提琴图展示二者所获得的 $F1$ 值及标准偏差，如图 3 - 13 所示。

在图 3 - 13 中，X 轴是被试 ID，对于每一名被试，深色(左侧)为预训练词向量 LSTM - CRF 的模型的准确度分布，浅色(右侧)为基于 LSTM - Attention - CRF 的模型的准确度分布。可以观察到，对于所有 10 名被试，基于 LSTM - Attention - CRF 的模型准确度中位数均比基于预训练词向量 LSTM - CRF 的模型的准确度中位数高。同时，从表 3 - 10 中可以看出，对于所有 10 名被试，基于 LSTM - Attention - CRF 的模型准确度平均值均比基于预训练词向量 LSTM - CRF 的模型的准确度平均值高。

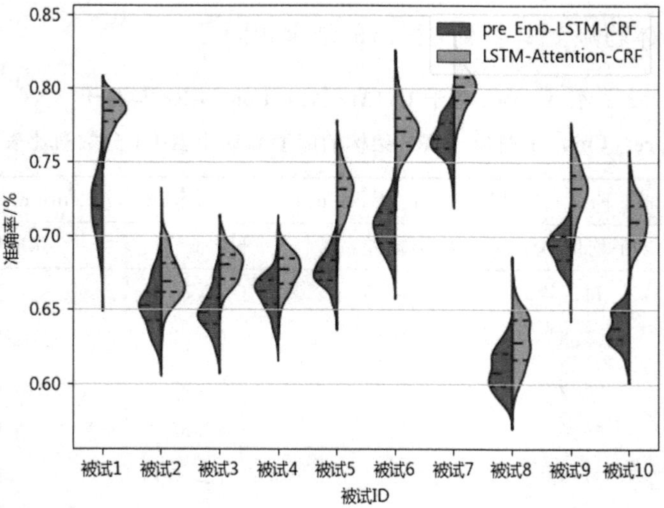

图 3 - 13　基于 LSTM - Attention - CRF 架构与基于 pre _ Emb - LSTM - CRF 架构的阅读眼动模型性能对比图

此时，本书把基线模型设置为基于 LSTM - Attention - CRF 架构的模型，接下来的实验都以基于 LSTM - Attention - CRF 架构的模型实验结果为基线。

综上可以得出结论：在阅读眼动序列标记任务上，基于 LSTM - Attention - CRF 架构的模型要优于基于预训练词向量 LSTM - CRF 的模型。

原因是：使用原来的 LSTM 网络的情况下，不能体现出所标注位置的单词以及其前后位置的单词对标注结果的影响程度。

在这种模型中，Encoder 只将最后一个输出传递给了 Decoder，这样一来，Decoder 就相当于对输入只知道梗概意思，而无法得到更多输入的细节，比如输入的位置信息。融入注意力机制后的网络架构可以很好地克服这个问题，让分类器得到更多关于当前输入位置的信息，这更符合人类的注意力资源分配方式。

3.4　改进阅读眼动序列标注分类器

3.4.1　语言序列标注任务的分类器

自然语言处理序列标记任务使用经典的 LSTM - CRF 架构，CRF 作为标注分类器，通过输入 LSTM 处理过的语言关系，进行句子级的语言序列标注，在常规的自然语言处理序列标记任务中引入标注序列规则，获得了较好的性能。

在分词任务中，如果使用四符号标记{B，E，M，S}，分别表示词的开始(begin)、结束(end)、中间(middle)及字符独立(single)成词，那么在标注序列中，暗含了以下几个规则：

(1)E 一定是紧跟在一个 B 或一个 M 之后，且绝不可能出现在句首。

(2)M 的前一个标注一定是一个 B 或者 M，M 的后一个标注一定是一个 E 或者 M。

(3)S 的前一个标注一定不是 B 或者 M，S 的后一个标注一定不是一个 M 或者 E。

(4)B 和 M 绝不可能位于句尾，B 的前一个标注绝不可能是 M。

实际上，在分词任务中的标注规则可能不止这些。

同理，在词性标注任务中，暗含了以下几个标注规则：

(5)冠词的后一个标注一定是名词。

(6)形容词的后一个标注可以是名词但不会是动词。

(7)副词的后一个标注可以是形容词或动词。

(8)动词的前一个标注和后一个标注一定不会再是动词。

(9)连接词不会出现在句首或句尾。

同样，实际上的词性标注规则可能不止这些。

CRF 作为标注分类器在计算输出标签时，除了考虑当前位置的输入，还考虑当前位置前一个和后一个的输出，这样就能更好地学习到训练数据的规则，避免输出那些明显不合规的标签序列，有助于提高标注的准确度。

在阅读眼动注视序列标注任务中，标注集中仅有 2 个元素："Fixation"和"Skip"。

"Fixation"的前后标注并无固定的规则，例如，并不存在"Fixation"的前后一定会是某一种特定标注的规则。

"Skip"的前后标注也无固定规则，例如，并不存在"Skip"的前后一定会是某一种特定标注的规则。同样，句首和句尾标注也不固定。鉴于此，CRF 利用输出标注的上下文来修正输出结果的能力就失效了，不仅如此，它还增加了网络输出的计算复杂度。

以上是关于在阅读眼动注视序列标注任务中使用 CRF 分类不合理的理论分析，接下来重新设计网络结构，去掉 CRF 分类器，改用最简单的密集连接层(Dense)作为输出分类器，通过实验显示网络使用 Dense 和 CRF 分类器的性能对比。

3.4.2 上下文无关的阅读眼动序列标注分类器

在 3.4 节提出的基于 LSTM - Attention - CRF 架构的阅读眼动模型基础上，将最后一层的 CRF 层去掉，换成密集连接层(Dense)，就形成了基于 LSTM - Attention - Dense 架构的深度学习阅读眼动模型。这个架构较上一版架构的最大区别就是最后的分类器由 CRF 换成了 Dense。如图 3 - 14 所示。

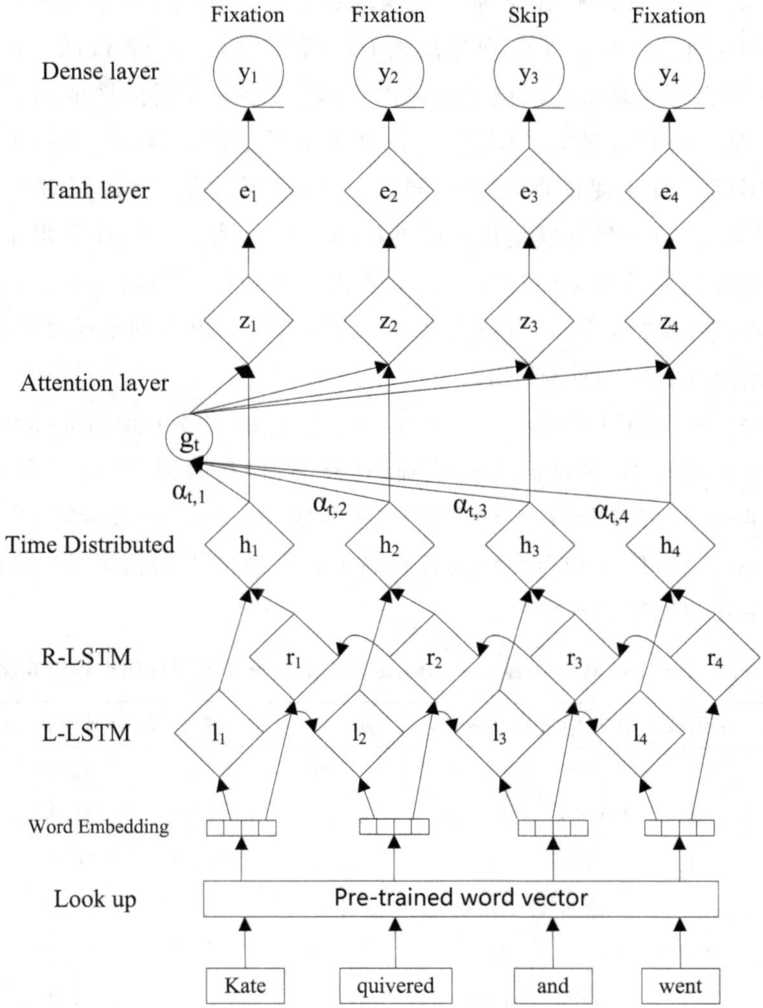

图 3-14　基于 LSTM-Attention-Dense 架构的深度学习阅读眼动模型

3.4.3　实验结果与分析

由于神经网络的初始化参数采用随机初始化形式进行设置，所以每次带来的实验结果会不尽相同。为了更全面客观地描述模型的性能，基于 3.4.2 中讨论的网络结构，本书设计了基于 LSTM-Attention-Dense 架构的阅读眼动注视序列标注模型，并在 2.5 节讨论的实验平台上编程实现该模型。通过运行程序 100 次，得出实验结果，将被试 1～10 的实验结果平均值记录在表 3-11 中。

表3-11中包含了10名被试的眼动数据统计及模型对他们阅读注视预测情况的统计，其中，第一列是被试ID，第二列是每一名被试共计阅读的单词数(因为每名被试均阅读了相同的55段文字，故所阅读的单词数均为2743)，第三列是每名被试阅读55段文字时总的注视词数(因每个人的眼动模式不同，故注视词数各不相同)，第四列是注视率(注视率=注视词数/单词数)。第五列是模型预测的准确率，由公式(2-6)计算得出。第六列是模型预测的精确率(查准率)，由公式(2-7)计算得出。第七列是模型预测的召回率(查全率)，由公式(2-8)计算得出。第八列是模型预测的$F1$分数，由公式(2-9)计算得出。

从表3-11中可以看出，模型对10名被试的注视词预测准确率均高于注视率。模型在10名被试上的精确率(查准率)和召回率(查全率)均高于模型的准确率，$F1$分数位于精确率(查准率)和召回率(查全率)之间且高于准确率，而精确率和召回率则各有高低，但总体平均精确率(查准率)高于总体平均召回率(查全率)。

表3-11 基于LSTM-Attention-Dense架构的深度学习阅读眼动模型实验结果

被试ID	单词数	注视词数	注视率	准确率A/%	精确率P/%	召回率R/%	$F1$/%
被试1	2743	1807	65.88%	81.73	83.21	81.90	82.55
被试2	2743	1700	61.98%	65.95	66.83	68.82	67.81
被试3	2743	1485	54.14%	69.89	71.53	70.22	70.87
被试4	2743	1528	55.71%	68.39	69.14	69.90	69.52
被试5	2743	1355	49.40%	76.12	77.57	76.22	76.89
被试6	2743	1725	62.89%	81.35	81.98	81.76	81.87
被试7	2743	1699	61.94%	84.40	84.82	84.48	84.65
被试8	2743	1473	53.70%	64.12	64.20	65.98	65.08
被试9	2743	1391	50.71%	74.68	75.42	76.10	75.76
被试10	2743	1694	61.76%	71.08	71.21	73.01	72.10
平均值	2743	1585.7	57.81%	73.77	74.59	74.84	74.71

为了更好地与上一次实验所设定的基线进行比较，本书在表3-12中给出了基线模型(基于LSTM-Attention-CRF)和基于LSTM-Attention-Dense架构的模型实验结果$F1$分数平均值对比。为了更详细地描述$F1$分数的分布情况，在每名被试的$F1$分数平均值之后还给出了标准偏差。

从表 3 - 12 中可以看出，对每名被试来说，基于 LSTM - Attention - Dense 架构的模型均比基线模型(基于 LSTM - Attention - CRF)所得到的 *F*1 分数平均值高，且标准偏差在 1～2 之间。每名被试的 *F*1 分数有高有低，但在总体趋势上 2 个架构得出的结果相同。

表 3 - 12　基于 LSTM - Attention - Dense 与基于 LSTM - Attention - CRF 架构的阅读眼动模型 *F*1 分数对比表

被试 ID	LSTM - Attention - CRF (Baseline)		LSTM - Attention - Dense	
	平均值 /%	标准偏差 /%	平均值 /%	标准偏差 /%
被试 1	78.35	1.12	82.55	1.69
被试 2	67.03	1.72	67.81	1.62
被试 3	67.98	1.02	70.87	1.60
被试 4	67.55	1.23	69.52	1.54
被试 5	72.95	1.62	76.89	1.74
被试 6	77.30	1.49	81.87	1.90
被试 7	80.00	1.45	84.65	1.76
被试 8	62.96	1.78	65.08	1.78
被试 9	73.30	1.81	75.76	1.38
被试 10	70.99	1.41	72.10	1.88
平均值	71.84	1.47	74.71	1.69

为了更直观地展现基于 LSTM - Attention - Dense 架构的模型优于基线模型，本书使用小提琴图展示二者所获得的 *F*1 值及标准偏差，如图 3 - 15 所示。

在图 3 - 15 中，X 轴是被试 ID，对于每一名被试，深色(左侧)为基于 LSTM - Attention - CRF 模型的准确度分布，浅色(右侧)为基于 LSTM - Attention - Dense 模型的准确度分布。可以观察到，对于所有 10 名被试，基于 LSTM - Attention - Dense 的模型准确度中位数均比基于 LSTM - Attention - CRF 的模型的准确度中位数高。同时，从表 3 - 12 中可以看出，对于所有 10 名被试，基于 LSTM - Attention - Dense 的模型准确度平均值均比基于 LSTM - Attention - CRF 的模型的准确度平均值高。

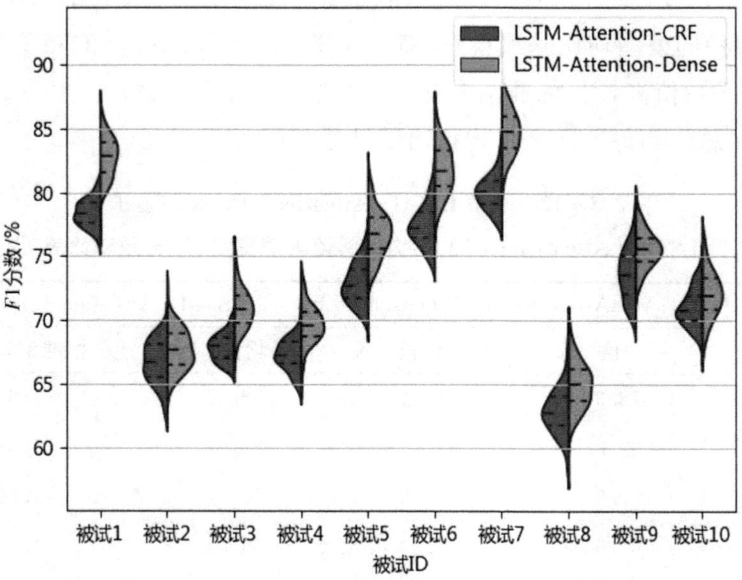

图 3-15　基于 LSTM-Attention-Dense 架构与基于 LSTM-Attention-CRF 架构的阅读眼动模型性能对比图

此时，本书把基线模型设置为基于 LSTM-Attention-Dense 架构的模型，接下来的实验都以基于 LSTM-Attention-Dense 架构的模型实验结果为基线。

综上可以得出结论：在阅读眼动序列标记任务上，基于 LSTM-Attention-Dense 架构的模型要优于基于 LSTM-Attention-CRF 的模型。原因是：阅读眼动序列标注的输出结果之间并无句子级的逻辑关系，CRF 利用输出标注的上下文来修正输出结果的能力就失效了，不仅如此，CRF 还增加了网络输出的计算复杂度，因此，从作为分类器的角度上来说，在阅读眼动序列标注方面，CRF 分类器不如 Dense。

3.5　小样本阅读眼动数据下的堆叠式 LSTM 层数优化

深度神经网络的成功通常归因于多层神经网络堆叠构成的层次结构。每一层处理可以解决任务的一部分，并将其传递给下一个任务。在这个意义上，深度神经网络可以被看作是一个处理流水线，其中每一层将在任务传递到下一层之前解决任务的一部分，直到最后一层提供输出。

在神经网络中增加额外的隐藏层，使其更深，以便后面的层在先前层的基础上重新学习到新的表示，并在高层次创建新的抽象表示。例如，从线性到形状到物体。

自然语言处理的操作对象是序列数据，考虑到深度学习对序列数据进行操作，这意味着添加的层随着时间推移增加了对输入观测的抽象水平。实际上，网络对观察值基于时间分块或者在不同时间尺度上的表示，通过在彼此堆叠多个循环隐藏状态建立一个深度的 RNN。这种方法可能允许每个级别的隐藏状态在不同的时间尺度上运行。

RNN 在本质上在时间上很深，因为它们的隐藏状态是所有先前隐藏状态的函数。启发作者的是，RNN 是否也可以从空间的深度，即堆叠多个循环隐藏层在上面，就像前馈层堆叠在传统的深度网络一样。

Graves 等人[109]提出了诸如堆叠式 LSTM(Stacked LSTM)在内的深度学习模型，并在语音识别中成功应用。他发现网络的深度比在给定层中对模型的学习能力比存储单元的数量更重要。堆叠式 LSTM 现在是一个挑战序列预测问题的稳定技术。堆叠式 LSTM 体系结构可以作为 1 个由多个 LSTM 层组成的 LSTM 模型，上面的 LSTM 层提供了序列输出，而不是单个值输出到下面的 LSTM 层。

堆叠式 LSTM 模型是一个具有多个隐藏 LSTM 层的模型，其每个层包含多个存储单元，将其称为 Stacked LSTM 以便区分 unstacked LSTM (Vanilla LSTM) 以及其他的基础 LSTM 模型的扩展。

当然，多层 LSTM 的一个缺陷就是增加了网络的深度，由此带来了网络复杂度的增加，这对于训练数据不足的应用来说，是不好的消息。本书接下来用实验来验证，增加 LSTM 层数带来的益处能否抵消由于网络结构变复杂而带来的坏处。换句话说，本书需要确定，究竟使用多少个 LSTM 层才是合理的。这里的 LSTM 层指双向 LSTM 层(bi - LSTM)。

表 3 - 13 使用不同层数 bi - LSTM 的深度学习阅读眼动模型 *F*1 分数对比表

被试 ID	1 层		2 层		3 层	
	平均值/%	标准偏差/%	平均值/%	标准偏差/%	平均值/%	标准偏差/%
被试 1	81.22	1.35	79.48	1.41	79.45	1.45
被试 2	69.90	1.95	68.16	2.01	64.71	1.38
被试 3	70.85	1.25	69.11	1.31	67.77	1.36

表 3-13(续)

被试 ID	1 层		2 层		3 层	
	平均值/%	标准偏差/%	平均值/%	标准偏差/%	平均值/%	标准偏差/%
被试 4	70.42	1.46	68.68	1.52	66.42	1.30
被试 5	75.82	1.85	74.08	1.91	73.79	1.50
被试 6	80.17	1.72	78.43	1.78	78.77	1.66
被试 7	82.87	1.68	81.13	1.74	81.55	1.52
被试 8	65.83	2.01	64.09	2.07	61.98	1.54
被试 9	76.17	2.04	74.43	2.10	72.66	1.14
被试 10	73.86	1.64	72.12	1.70	69.00	1.64
平均值	74.71	1.69	72.97	1.75	71.61	1.45

由于神经网络的初始化参数采用随机初始化形式进行设置，所以每次所带来的实验结果会不尽相同。为了更全面客观地描述模型的性能，基于 3.4.2 中讨论的网络结构，本书分别使用 1 层、2 层和 3 层双向 LSTM(bi-LSTM)来构建模型，并在 2.5 节讨论的实验平台上编程实现该模型。通过运行程序 100 次，得出实验结果，将被试 1～10 的实验结果平均值记录在表 3-13 中。

从表 3-13 中可以看出，随着 bi-LSTM 层数的增加，模型的 $F1$ 分数平均值在降低。对于每一名被试来说，只有个别的被试的实验结果数据随着 bi-LSTM 层数的增加而增加，但这种情况很少，比如 6 号被试在 2 层变 3 层时出现了 $F1$ 分数增加的情况。

为了更直观地展现使用不同层数 bi-LSTM 所带来的性能差异，本书使用小提琴图展示二者所获得的 $F1$ 值及标准偏差(图 3-16)。

在图 3-16 中，X 轴是 bi-LSTM 的层数，Y 轴是 $F1$ 分数的分布情况。可以观察到，随着 bi-LSTM 层数的增加，模型 $F1$ 分数的中位数在降低。同时，从表 3-12 中可以看出，随着 bi-LSTM 层数的增加，模型 $F1$ 分数的平均值也在降低。

此外，从表 3-13 中还可以看出，随着 bi-LSTM 层数的增加，模型 $F1$ 分数平均值的标准差在减小，这是有利的。这说明增加 bi-LSTM 层数是有一定效果的，只是在现有数据规模下，不能取得实际的性能提升。

综上，可以得出结论：在阅读眼动序列标记任务上，在现有的数据规模下，增加 bi-LSTM 层数带来的益处不足以抵消由于网络结构变复杂而带来的坏处，使用 1 层 bi-LSTM 带来的性能最优。

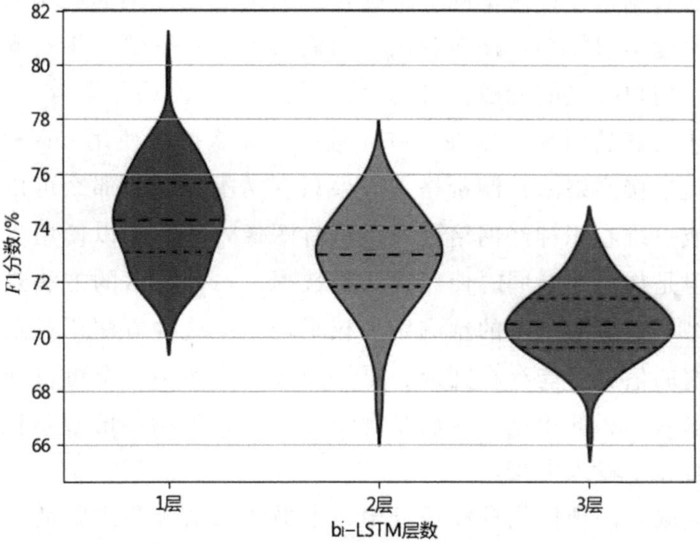

图 3-16　使用不同层数 bi-LSTM 的深度学习阅读眼动模型性能对比图

3.6　基于多输入深度学习架构的阅读眼动领域知识融合

深度学习已成功应用于许多不同领域，深度学习技术与领域知识相结合可以提高效率和准确性。[110] 在分析深度学习在阅读眼动建模中的应用时，本书发现仅使用深度学习来解决问题存在一个不足之处：心理学和语言学领域大量有关注视位置效应的先期研究成果不能应用到模型中。为了弥补这个不足，本书接下来将领域知识与深度学习相结合，通过考察影响阅读眼动的语言学因素来改善所提出模型的性能。

3.6.1　多输入深度学习架构

到目前为止，本书的所有神经网络模型都是用序列模型(sequential)实现的。序列模型假设网络只有一个输入和一个输出，而且网络是层的线性堆叠。

这是一个经过普遍验证的假设。这种网络配置非常常见，以至于本书前面只用序列模型就能解决阅读眼动建模的问题。但是有些情况下这种假设过于死板。有些网络需要多个独立的输入，这使得网络看起来像是层构成的树，而不是层的线性堆叠。

例如，有些任务需要多模态(multimodel)输入。这些任务合并来自不同输入源的数据，并使用不同类型的神经网络层处理不同类型的数据。假设有一个深度学习模型，试图利用下列输入来预测一件二手衣服最可能的市场价格：用户提供的元数据(比如商品品牌、已使用年限等)、用户提供的文本描述与商品照片。如果只有元数据，那么可以使用 one - hot 编码，然后用密集连接网络来预测价格。如果只有文本描述，那么可以使用循环神经网络或一维卷积神经网络。如果只有图像，那么可以使用二维卷积神经网络。但是如何才能同时使用这 3 种数据，一种朴素的方法是训练 3 个独立的模型，然后对三者的预测做加权平均。但这种方法不是最优的，因为模型提取的信息可能存在冗余。更好的方法是使用一个可以同时查看所有可用的输入模态的模型，从而联合学习一个更加精确的数学模型——这个模型具有多个输入分支。

在阅读眼动注视序列标注任务中，本书尝试结合阅读眼动心理学和应用语言学的领域知识，让深度学习网络融入研究者之前的先验知识，这样更有利于模型性能的提升。图 3 - 17 就是本书接下来要使用的多输入深度学习架构，它由 2 部分组成，第一部分是对输入文字序列的处理，第二部分是经序列化处理之后的输入文字对应位置的语言学特征。二者的输出经 Concatenate 层处理之后，再馈送给一个 Dense 层。接下来本书分别考察不同语言学特征(组合)对模型性能的影响。

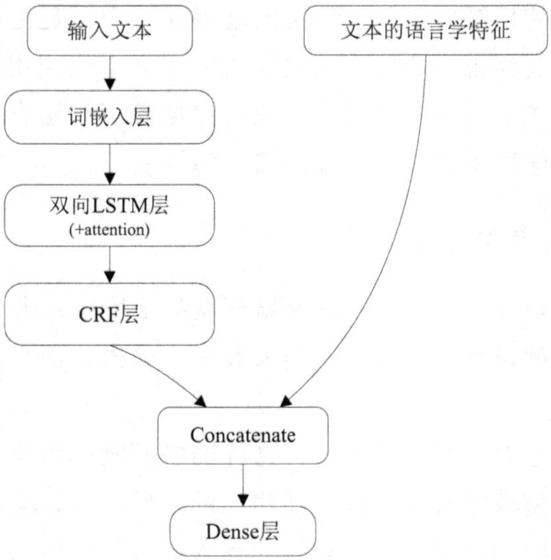

图 3 - 17　多输入深度学习阅读眼动模型架构

3.6.2　结合词性特征的深度学习阅读眼动模型

词性(part of speech，POS)又叫词类，是具有相似语法性质的词的范畴。属于同一词类的词通常表现出相似的句法行为，它们在句子的语法结构中扮演着相似的角色，有时表现出相似的词形，因为它们因相似的性质而发生屈折变化[111]。

基于 3.6.1 中讨论的多输入深度学习架构，本书设计了结合词性特征的深度学习阅读眼动模型，并在 2.5 节讨论的实验平台上编程实现该模型。由于神经网络的初始化参数采用随机初始化形式进行设置，所以每次带来的实验结果会不尽相同。为了更全面客观地描述模型的性能，通过运行程序 100 次，得出实验结果，将被试 1～10 的实验结果平均值记录在表 3－14 中。

表 3－14 中包含了 10 名被试的眼动数据统计及模型对他们阅读注视预测情况的统计，其中，第 1 列是被试 ID；第 2 列是每一名被试总共阅读的单词数(因为每名被试均阅读了相同的 55 段文字，故所阅读的单词数均为 2743)；第 3 列是每名被试阅读 55 段文字时总的注视词数(因每个人的眼动模式不同，故注视词数各不相同)；第 4 列是注视率(注视率＝注视词数/单词数)；第 5 列是模型预测的准确率，由公式(2－6)计算得出；第 6 列是模型预测的精确率(查准率)，由公式(2－7)计算得出；第 7 列是模型预测的召回率(查全率)，由公式(2－8)计算得出；第 8 列是模型预测的 $F1$ 分数，由公式(2－9)计算得出。

从表 3－14 中可以看出，模型在 10 名被试上的精确率(查准率)和召回率(查全率)均高于模型的准确率，$F1$ 分数位于精确率(查准率)和召回率(查全率)之间且高于准确率，而精确率(查准率)和召回率则各有高低，但总体平均精确率(查准率)高于总体平均召回率(查全率)。

表 3－14　结合词性特征的深度学习阅读眼动模型实验结果

被试 ID	单词数	注视词数	注视率	准确率 A/%	精确率 P/%	召回率 R/%	$F1$/%
被试 1	2743	1807	65.88%	81.79	82.54	84.16	83.34
被试 2	2743	1700	61.98%	67.87	67.95	69.90	68.91
被试 3	2743	1485	54.14%	71.44	71.63	71.69	71.66
被试 4	2743	1528	55.71%	68.96	69.85	71.88	70.85

表 3-14(续)

被试 ID	单词数	注视词数	注视率	准确率 A/%	精确率 P/%	召回率 R/%	$F1$/%
被试 5	2743	1355	49.40%	76.09	78.26	76.60	77.42
被试 6	2743	1725	62.89%	80.41	83.18	81.26	82.21
被试 7	2743	1699	61.94%	84.73	86.24	84.74	85.48
被试 8	2743	1473	53.70%	65.60	66.49	67.01	66.75
被试 9	2743	1391	50.71%	75.79	77.30	76.53	76.91
被试 10	2743	1694	61.76%	72.64	73.13	74.47	73.79
平均值	2743	1585.7	57.81%	74.53	75.66	75.82	75.73

表 3-15 结合词性特征与基于 LSTM-Attention-Dense 架构的阅读眼动模型 $F1$ 分数对比表

被试 ID	LSTM-Attention-Dense (Baseline)		+ Part of speech (POS)	
	平均值/%	标准偏差/%	平均值/%	标准偏差/%
被试 1	82.55	1.69	83.34	1.05
被试 2	67.81	1.62	68.91	1.1
被试 3	70.87	1.60	71.66	1.18
被试 4	69.52	1.54	70.85	1.82
被试 5	76.89	1.74	77.42	1.27
被试 6	81.87	1.90	82.21	1.12
被试 7	84.65	1.76	85.48	1.05
被试 8	65.08	1.78	66.75	1.85
被试 9	75.76	1.38	76.91	1.27
被试 10	72.10	1.88	73.79	0.96
平均值	74.71	1.69	75.73	1.27

为了更好地与上一次实验(本章 3.5)所设定的基线进行比较，本书在表 3-15 中给出了基线模型(基于 LSTM-Attention-Dense)和结合词性特征的深度学习阅读眼动模型实验结果 $F1$ 分数平均值对比。为了更详细地描述 $F1$ 分数的分布情况，在每名被试的 $F1$ 分数平均值之后还给出了标准偏差。

从表 3-15 中可以看出，对每名被试来说，结合词性特征的深度学习阅读眼动模型均比基线模型(基于 LSTM - Attention - Dense)所得到的 $F1$ 分数平均值高，且标准偏差在 1～2 之间。每名被试的 $F1$ 分数有高有低，但 2 个架构得出的结果总体趋势相同。

为了更直观地展现结合词性特征的深度学习阅读眼动模型与基线模型的性能对比，本书使用小提琴图展示二者所获得的 $F1$ 值及标准偏差，如图 3 - 18 所示。

在图 3 - 18 中，X 轴是被试 ID，对于每一名被试，深色(左侧)为基于 LSTM - Attention - Dense 的模型的准确度分布，浅色(右侧)为结合词性特征的深度学习阅读眼动模型的准确度分布。可以观察到，对于所有 10 名被试，结合词性特征的深度学习阅读眼动模型准确度中位数均比基于 LSTM - Attention - Dense 的模型的准确度中位数高。同时，从表 3 - 15 中可以看出，对于所有 10 名被试，基于 LSTM - CRF 的模型准确度平均值均比基于 LSTM - Attention - Dense 的模型的准确度平均值高。

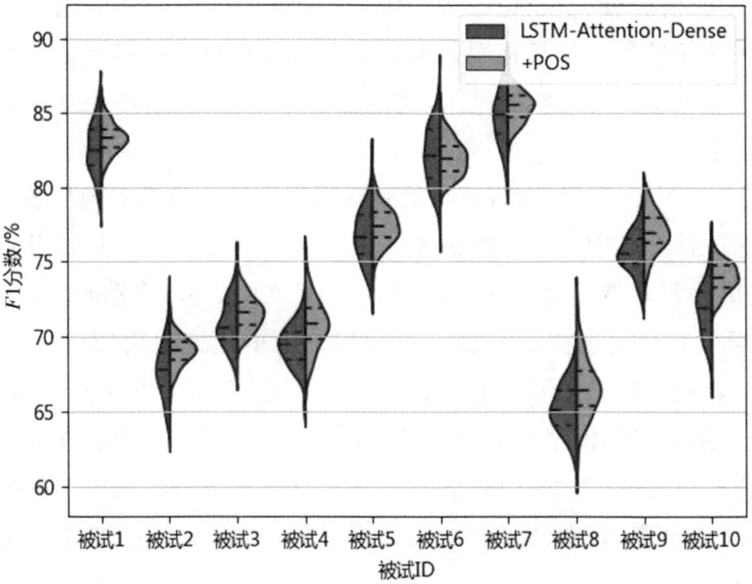

图 3 - 18　结合词性特征与基于 LSTM - Attention - Dense 架构的阅读眼动模型性能对比图

综上可以得出结论：在阅读眼动序列标记任务上，结合词性特征的深度学习阅读眼动模型要优于基于 LSTM - Attention - Dense 的模型。原因是：结合词性特征的深度学习阅读眼动模型通过多输入深度学习架构将领域知识和先验知识融合到深度网络中，有利于神经网络从有限的训练数据中提取到有效的数据关系。

3.6.3 结合词长特征的深度学习阅读眼动模型

词长(word length, WL)对阅读的影响被称为词长效应(word length effect)。词长效应是指在阅读时，读者对字母或音节越多的单词反应时间越长，眼睛注视的可能性越大[112]。

Melton(1963)[113]研究了基于音节的单词长度效应，也就是说，音节较少的单词的回忆性能将优于音节较多的单词。随着音节数量的增加，单词的回忆率下降。Watkins(1973)[114]也研究了在自由回忆或顺序回忆中的词长效应和序列位置效应。随后，心理学家的大量实验研究都证实了词长效应的存在。

基于3.6.1中讨论的多输入深度学习架构，本书设计了结合词长特征的深度学习阅读眼动模型，并在2.5节讨论的实验平台上编程实现该模型。由于神经网络的初始化参数采用随机初始化形式进行设置，所以，每次带来的实验结果会不尽相同，为了更全面客观地描述模型的性能，通过运行程序100次，得出实验结果，将被试1～10的实验结果平均值记录在表3-16中。

表3-16中包含了10名被试的眼动数据统计及模型对他们自己注视预测情况的统计，其中，第1列是被试ID；第2列是每一名被试共计阅读的单词数(因为每名被试均阅读了相同的55段文字，故所阅读的单词数均为2743)；第3列是每名被试阅读55段文字时总的注视词数(因每个人的眼动模式不同，故注视词数各不相同)；第4列是注视率(注视率＝注视词数/单词数)；第5列是模型预测的准确率，由公式(2-6)计算得出；第6列是模型预测的精确率(查准率)，由公式(2-7)计算得出；第7列是模型预测的召回率(查全率)，由公式(2-8)计算得出；第8列是模型预测的$F1$分数，由公式(2-9)计算得出。

表3-16 结合词长特征的深度学习阅读眼动模型实验结果

被试ID	单词数	注视词数	注视率	准确率A/%	精确率P/%	召回率R/%	$F1$/%
被试1	2743	1807	65.88%	86.34	88.22	86.52	87.36
被试2	2743	1700	61.98%	71.57	72.02	72.77	72.39
被试3	2743	1485	54.14%	74.04	74.88	76.80	75.83

表 3－16(续)

被试 ID	单词数	注视词数	注视率	准确率 A/%	精确率 P/%	召回率 R/%	F1/%
被试 4	2743	1528	55.71%	74.67	75.84	75.46	75.65
被试 5	2743	1355	49.40%	79.80	82.20	80.44	81.31
被试 6	2743	1725	62.89%	87.37	87.75	87.51	87.63
被试 7	2743	1699	61.94%	89.46	89.61	89.55	89.58
被试 8	2743	1473	53.70%	73.34	75.64	73.73	74.67
被试 9	2743	1391	50.71%	79.00	79.85	81.70	80.76
被试 10	2743	1694	61.76%	76.85	78.93	77.27	78.09
平均值	2743	1585.7	57.81%	79.24	80.49	80.17	80.33

从表 3－16 中可以看出，模型在 10 名被试上的精确率(查准率)和召回率(查全率)均高于模型的准确率，F1 分数位于精确率(查准率)和召回率(查全率)之间且高于准确率，而精确率(查准率)和召回率则各有高低，但总体平均精确率(查准率)高于总体平均召回率(查全率)。

为了更好地与上一次实验(第 3.5 节)所设定的基线进行比较，本书在表 3－17 中给出了基线模型(基于 LSTM－Attention－Dense)和结合词长特征的深度学习阅读眼动模型实验结果 F1 分数平均值对比。为了更详细地描述 F1 分数的分布情况，在每名被试的 F1 分数平均值之后还给出了标准偏差。

从表 3－17 中可以看出，对每名被试来说，结合词长特征的深度学习阅读眼动模型均比基线模型(基于 LSTM－Attention－Dense)所得到的 F1 分数平均值高，且标准偏差在 1～2 之间。每名被试的 F1 分数有高有低，但在总体趋势上两个架构得出的结果相同。

为了更直观地展现结合词长特征的深度学习阅读眼动模型与基线模型的性能对比，本书使用小提琴图展示二者所获得的 F1 值及标准偏差(图 3－19)。

表 3－17　结合词长特征与基于 LSTM－Attention－Dense 架构的阅读眼动模型 F1 分数对比表

被试 ID	LSTM－Attention－Dense (Baseline)		＋Word length (WL)	
	平均值/%	标准偏差/%	平均值/%	标准偏差/%
被试 1	82.55	1.69	87.36	1.35
被试 2	67.81	1.62	72.39	1.53

表 3-17(续)

被试 ID	LSTM-Attention-Dense (Baseline)		+Word length (WL)	
	平均值/%	标准偏差/%	平均值/%	标准偏差/%
被试 3	70.87	1.60	75.83	1.84
被试 4	69.52	1.54	75.65	1.03
被试 5	76.89	1.74	81.31	1.54
被试 6	81.87	1.90	87.63	1.5
被试 7	84.65	1.76	89.58	1.34
被试 8	65.08	1.78	74.67	1.09
被试 9	75.76	1.38	80.76	1.58
被试 10	72.10	1.88	78.09	1.4
平均值	74.71	1.69	80.33	1.42

在图 3-19 中，X 轴是被试 ID，对于每一名被试，深色(左侧)为基于 LSTM-Attention-Dense 的模型的准确度分布，浅色(右侧)为结合词长特征的深度学习阅读眼动模型的准确度分布。可以观察到，对于所有 10 名被试，结合词长特征的深度学习阅读眼动模型准确度中位数均比基于 LSTM-Attention-Dense 的模型的准确度中位数高。同时，从表 3-17 中可以看出，对于所有 10 名被试，结合词长特征的深度学习阅读眼动模型准确度平均值均比基于 LSTM-Attention-Dense 的模型的准确度平均值高。

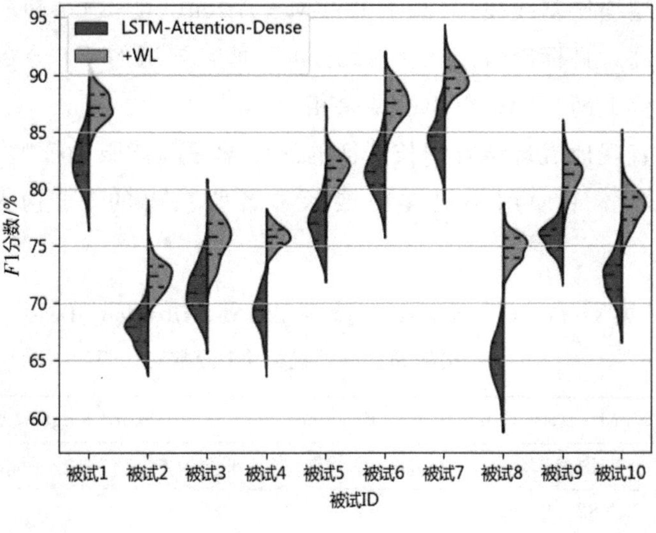

图 3-19　结合词长特征与基于 LSTM-Attention-Dense 架构的阅读眼动模型性能对比图

综上可以得出结论：在阅读眼动序列标记任务上，结合词长特征的深度学习阅读眼动模型要优于基于 LSTM - Attention - Dense 的模型。原因是：结合词长特征的深度学习阅读眼动模型通过多输入深度学习架构将领域知识和先验知识融合到深度网络中，有利于神经网络从有限的训练数据中提取到有效的数据关系。

3.6.4 结合可预测性特征的深度学习阅读眼动模型

可预测性又叫上下文可预测性（contextual predictability）或语境限制（contextual constraint），是读者根据句法、语义和语用等内容确定特定单词的可能性[115]。在一个高可预测性语境中，仅有极少的几个目标词适用其中，而在低可预测性语境中，则会有许多词都能适用其中。在高可预测性的语境里，某个单词出现的可能性高，它的可预测性也高，而在低可预测性的语境里，某个词出现的可能性低，它的可预测性也低[116]。

Provo 语料库是一个具有可预测性规范的眼动数据语料库。在 Provo 语料库中，470 名被试中的每人均阅读了 55 篇短文，共 2689 个单词，最终形成了对缺失单词预测的准确性统计，即语料的可预测性规范。

Provo 语料库的可预测性规范与其他语料库的可预测性规范不同。除了传统的完形填空分数可以估算每个单词的完整正字形式的可预测性之外，Provo 语料库还包括每个单词的形态句法和语义信息的可预测性的度量。这使得 Provo 语料库非常适合研究阅读中的预测过程。

Provo 语料库的可预测性获取过程如下：参与者通过 Qualtrics Research Suite 软件（Qualtrics，Provo，UT）完成在线调查。参与者首先回答了一些人口统计学问题（性别、年龄、教育水平和语言历史），然后完成了调查的主体部分。对于每一个问题，参与者都被要求“请输入你认为接下来会出现的单词”。在这条指示下面是其中一篇课文的一部分，并有一个回答框供参与者输入单词。对于第一个关于文本的问题，只有文本中的第一个单词可见，然后是第二个问题的前 2 个单词，第三个问题的前 3 个单词，依此类推，直到最后一个关于文本的问题，文本中除最后一个单词外的所有单词都可见。因此，除了每一篇文章的第一个单词外，参与者都给出了答案。要求参与者在回答下一个问题之前给出答案，并且在一个文本中，所有的问题都按照固定的顺序呈现，这样参与者就永远不会得到文本中即将出现的单词预览。每个参与者被随机分配完成 5 篇课文，平均回答 227 个不同单词。对于每一篇文章中的每一个单词，平均有 40 名参与者给出了答案(范围：19～43)。

基于 3.6.1 中讨论的多输入深度学习架构，本书设计了结合可预测性特征的深度学习阅读眼动模型，并在 2.5 节讨论的实验平台上编程实现该模型。由于神经网络的初始化参数采用随机初始化形式进行设置，所以每次带来的实验结果会不尽相同。为了更全面客观地描述模型的性能，通过运行程序 100 次，得出实验结果，将被试 1～10 的实验结果平均值记录在表 3-18 中。

表 3-18 中包含了 10 名被试的眼动数据统计及模型对他们阅读注视预测情况的统计，其中，第一列是被试 ID；第二列是每一名被试共计阅读的单词数(因为每名被试均阅读了相同的 55 段文字，故所阅读的单词数均为 2743)；第三列是每名被试阅读 55 段文字时总的注视词数(因每个人的眼动模式不同，故注视词数各不相同)；第四列是注视率(注视率＝注视词数/单词数)；第五列是模型预测的准确率，由公式(2-6)计算得出；第六列是模型预测的精确率(查准率)，由公式(2-7)计算得出；第七列是模型预测的召回率(查全率)，由公式(2-8)计算得出；第八列是模型预测的 $F1$ 分数，由公式(2-9)计算得出。

表 3-18　结合可预测性特征的深度学习阅读眼动模型实验结果

被试 ID	单词数	注视词数	注视率	准确率 A/%	精确率 P/%	召回率 R/%	$F1$/%
被试 1	2743	1807	65.88%	87.40	89.06	87.70	88.37
被试 2	2743	1700	61.98%	74.67	74.73	76.02	75.37
被试 3	2743	1485	54.14%	75.76	78.05	76.51	77.27
被试 4	2743	1528	55.71%	75.97	76.89	77.15	77.02
被试 5	2743	1355	49.40%	82.19	82.31	84.13	83.21
被试 6	2743	1725	62.89%	87.20	87.97	89.63	88.79
被试 7	2743	1699	61.94%	89.44	90.40	89.98	90.19
被试 8	2743	1473	53.70%	75.77	76.30	77.65	76.97
被试 9	2743	1391	50.71%	80.48	82.05	80.80	81.42
被试 10	2743	1694	61.76%	77.82	78.80	80.02	79.41
平均值	2743	1585.7	57.81%	80.67	81.66	81.96	81.80

从表 3-18 中可以看出，模型在 10 名被试上的精确率(查准率)和召回

率(查全率)均高于模型的准确率，$F1$ 分数位于精确率(查准率)和召回率(查全率)之间且高于准确率，而精确率(查准率)和召回率则各有高低，但总体平均精确率(查准率)高于总体平均召回率(查全率)。

为了更好地与上一次实验(第 3.5 节)所设定的基线进行比较，本书在表 3-19 中给出了基线模型(基于 LSTM-Attention-Dense)和结合可预测性特征的深度学习阅读眼动模型实验结果 $F1$ 分数平均值对比。为了更详细地描述 $F1$ 分数的分布情况，在每名被试的 $F1$ 分数平均值之后还给出了标准偏差。

从表 3-19 中可以看出，对每名被试来说，结合可预测性特征的深度学习阅读眼动模型均比基线模型(基于 LSTM-Attention-Dense)所得到的 $F1$ 分数平均值高，且标准偏差在 1～2 之间。每名被试的 $F1$ 分数有高有低，但在总体趋势上 2 个架构得出的结果相同。

表 3-19　结合可预测性特征与基于 LSTM-Attention-Dense 架构的阅读眼动模型 *F1* 分数对比表

被试 ID	LSTM-Attention-Dense (Baseline)		+ Predictability (Pred)	
	平均值/%	标准偏差/%	平均值/%	标准偏差/%
被试 1	82.55	1.69	88.37	1.5
被试 2	67.81	1.62	75.37	1.8
被试 3	70.87	1.60	77.27	1.58
被试 4	69.52	1.54	77.02	1.04
被试 5	76.89	1.74	83.21	1.35
被试 6	81.87	1.90	88.79	1.05
被试 7	84.65	1.76	90.19	1.13
被试 8	65.08	1.78	76.97	1.76
被试 9	75.76	1.38	81.42	1.16
被试 10	72.10	1.88	79.41	1.72
平均值	74.71	1.69	81.80	1.41

为了更直观地展现结合可预测性特征的深度学习阅读眼动模型与基线模型的性能对比，本书使用小提琴图展示二者所获得的 $F1$ 值及标准偏差(图 3-20)。

在图 3-20 中，X 轴是被试 ID，对于每一名被试，深色(左侧)为基于

LSTM - Attention - Dense 的模型的准确度分布，浅色(右侧)为结合可预测性特征的深度学习阅读眼动模型的准确度分布。可以观察到，对于所有10名被试，结合可预测性特征的深度学习阅读眼动模型准确度中位数均比基于 LSTM - Attention - Dense 的模型的准确度中位数高。同时，从表 3 - 19 中可以看出，对于所有 10 名被试，基于 LSTM - CRF 的模型准确度平均值均比基于 LSTM - Attention - Dense 的模型的准确度平均值高。

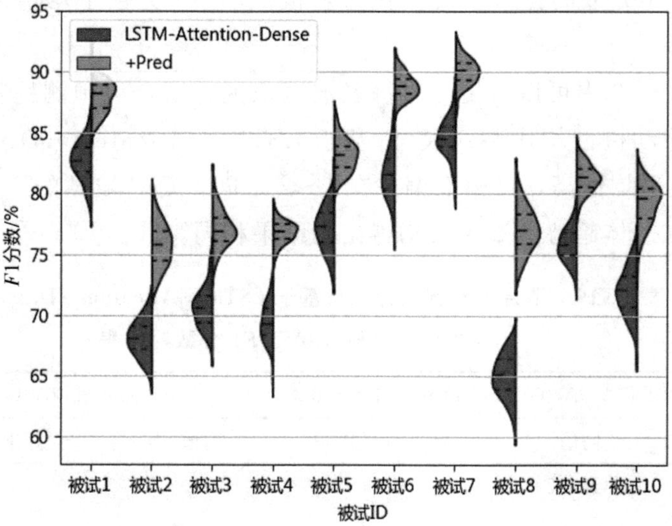

图 3 - 20　结合可预测性特征与基于 LSTM - Attention - Dense 架构的阅读眼动模型性能对比图

综上可以得出结论：在阅读眼动序列标记任务上，结合可预测性特征的深度学习阅读眼动模型要优于基于 LSTM - Attention - Dense 的模型。原因是：结合可预测性特征的深度学习阅读眼动模型通过多输入深度学习架构将领域知识和先验知识融合到深度网络中，有利于神经网络从有限的训练数据中提取到有效的数据关系。

3.6.5　结果对比

本书使用多输入神经网络架构结合阅读眼动心理学和应用语言学的领域知识，让深度学习网络融入研究者之前的先验知识，提高阅读眼动注视序列标注任务的准确率。本书分别在第 3.6.2 节实验了结合词性特征后的模型性能，3.6.3 实验了结合词长特征后的模型性能，在 3.6.4 节实验了结合可预测性特征后的模型性能。为了对比这 3 种特征所带来的模型性能的提升情况，将实验结果放在同一个图中，如图 3－21 所示。

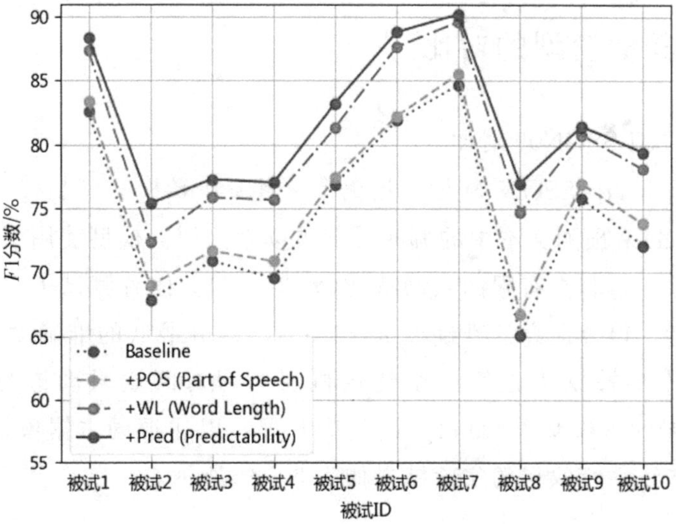

图 3－21　结合不同特征所带来的阅读眼动模型性能提升对比图

虽然 3 种特征知识都能带来模型性能的提升，但提升的程度是有区别的。首先，词性特征仅取得了比基线略高的提升，可以说是不明显，平均只有 1 个百分点的提升，个别被试只有零点几个百分点的提升(表 3－14)。其次，词长特征和可预测性特征取得较基线相比较明显的提升，尤其是可预测性特征较基线的提升，平均高了 7 个百分点，达到了 81.80%(表 3－18)，在每名被试上都有显著的性能提升(图 3－20)，把 7 号被试的 $F1$ 分数甚至提高到了 90.19%，这是深度学习阅读眼动模型首次出现超过 90%的情况。

由此本书认为，可预测性是一个非常值得结合的领域知识，将它融入阅读眼动建模中之后，会大大提升模型的性能。但是，该特征仅在 Provo 语料库中给出，因为收集语料的可预测性需要耗费大量的人力和时间。幸运的是，本书通过实验发现了一种可以与之媲美的特征——词长。结合词长特征的深度学习阅读眼动模型取得了 80.33%的 $F1$ 平均值，这个值仅比结合可预测性的模型低 1.5 个百分点，可以说性能相当接近了。关键是，词长特征很好获取，在基于拼音文字的语料库中，即使语料库中没有给出单词的词长，研究者也可以通过计算机统计得到。

本书还会在接下来的实验中，基于不同的眼动语料库来验证结合词长特征的深度学习阅读眼动模型的性能。

3.7 与其他模型的对比

(1)与 NILSSON09 对比。

2009 年，NILSSON 等人[23]提出了一种基于转换的模型(a transition-based model)来预测文本中的哪些单词被读者注视，模型使用了 logistic 回归分类器和一组非常有限的眼动特征(表 3-20)。作者测试了 10 名被试的注视准确度，得分最高的准确度为 78.9%，得分最低的准确度为 56.6%。所提出的模型被认为是第一个使用机器学习对阅读眼动进行预测的模型[24]。作者的工作基于 Dundee 语料库开展，以注视词占据单词总数的百分比作为基线，所取得的实验结果如表 3-21 所示。

表 3-20 NILSSON09 实验所用的 8 种特征及其描述列表

特征	描述
CURRENT. LENGTH	The length of the token L[1]
CURRENT. FREQUENCYCLASS	The frequency class of the token L[1]
NEXT. LENGTH	The length of the token R[1]
NEXT. FREQUENCYCLASS	The frequency class of the token R[1]
NEXTPLUSONE. LENGTH	The length of the token R[2]
NEXTPLUSTWO. LENGTH	The length of the token R[3]
DISTANCE. ONETOTWO	The distance, in tokens, between F [1] and F [2]
DISTANCE. TWOTOTHREE	The distance, in tokens, between F [2] and F [3]

表 3-21 NILSSON09 的实验结果

被试 ID	句子数	准确率 A/%	精准率 P/%	召回率 R/%	$F1$ /%
a	136	70.0	69.9	73.8	71.8
b	156	66.5	65.2	85.8	74.1
c	151	70.9	72.5	82.8	77.3
d	162	78.9	84.7	84.8	84.7
e	182	71.8	69.1	78.4	73.5
f	157	67.9	70.9	83.7	76.8

表 3-21(续)

被试 ID	句子数	准确率 A/%	精准率 P/%	召回率 R/%	$F1$/%
g	129	56.6	49.9	80.8	61.7
h	143	66.9	69.4	76.3	72.7
i	196	69.1	69.6	80.3	74.6
j	166	76.3	82.2	81.9	82.0
平均值	157.8	69.5	70.3	80.9	75.2

根据作者的描述，此实验将 Dundee 语料库分为 3 个数据集：用于训练的文本 1～16(1911 个句子)，用于开发和验证的文本 17～18(237 个句子)和用于测试的最后 2 个文本 19～20(231 个句子)。训练集的大小为 18，大于本书设定的训练集 16。他们使用固定的最后 19～20 作为测试，本书使用的是 3 组平均值，所以，本书的结果更加客观准确。对比结果如表 3-22 所示。

表 3-22　基于 NN 的方法与基于 NILSSON09 的实验结果对比

模型	训练集	测试集	准确率 A/%	$F1$/%
NILSSON09	18	2	69.50	75.20
NN+POS	16	4	73.78	75.44
NN+WL	16	4	77.90	79.43

本书所提出的方法为基于深度神经网络的方法，使用 NN(Neural Network)表示，所加的特征工程，POS 表示词性，WL 表示词长。从表 3-22 中可以看出，无论是结合词性特征还是结合词长特征，NN 所得到的准确率和 $F1$ 都优于 NILSSON09 模型。

(2)与 HARA12 对比。

2012 年，HARA 等人[24]使用条件随机场(CRF)模型预测每个单词是否被注视。实验结果表明，使用词汇和屏幕位置特征，该模型对每个被试的预测精度介于 73%～84%之间(表 3-23)。此外，当关注被试在每个单词上的注视/眼跳行为分布时，预测分布与观察分布的总相似度为 0.9462，作者由此认为从眼跳数据中获取读者阅读策略是可能的。

HARA12 实验所使用的特征包括 2 类，共 9 个特征：

• 单词：单词表面。

• 词性：对每个句子使用词性标记(Tsuruoka 等人，2005)获得的词性。

• L-POIS、L-PROB、L-RECI：关于超常字长(实值特征)的信息。L-POIS 假设字长概率服从 Poisson 分布，取目标字长概率的对数。L-PROB 计算训练数据中的实际字长概率，取所获得概率的对数，然后将对数标准化。L-RECI 只取单词长度的倒数。

• 3G-F，3G-B：向前或向后的单词三元组(实值特征)。

• LF：换行或换屏馈送。将检查目标单词是在一行的开头还是结尾(Lstart/Lend)，或是在屏幕的开头还是结尾(Sstart/Send)。

• SC：屏幕坐标。将每个屏幕划分为 5×5 个网格，并检查单词的开头在哪个网格中。Dundee 语料库中的每个屏幕由 5 个 80 个字符的行组成，因此，一个网格可以容纳 1×16 个字符。

表 3-23　HARA12 的实验结果

特征	A	B	C	D	E	F	G	H	I	J	平均
WORD	68.42	70.88	76.65	80.05	70.50	79.58	79.20	70.19	72.21	77.16	74.48
POS	67.24	69.80	75.61	78.02	69.58	79.65	79.07	69.09	71.62	76.10	73.58
3G-F	64.57	68.79	75.08	75.53	66.91	79.60	79.01	67.95	69.95	75.16	72.26
3G-B	64.85	68.68	74.51	75.00	66.10	79.65	79.01	67.69	69.82	75.08	72.04
L-POIS	63.18	68.62	75.75	76.63	65.71	79.58	79.03	69.05	70.40	74.98	72.29
L-PROB	67.60	68.95	75.81	77.81	69.34	79.58	79.05	69.38	71.35	75.31	73.42
L-RECI	67.22	70.17	77.30	80.44	69.72	79.56	79.18	70.42	72.51	75.67	74.22
LF	60.96	68.58	75.65	76.83	63.12	79.58	79.01	68.38	70.44	74.96	71.75
SC	64.28	69.09	76.00	76.98	66.69	79.63	79.07	69.60	71.31	75.45	72.81
以上特征组合	75.24	74.37	81.05	83.94	76.51	80.48	82.62	72.98	77.69	81.11	78.60

表 3-24　基于 NN 的方法与基于 HARA12 的实验结果对比

模型	手工提取特征数	准确率 A/%
HARA12	9	78.60
NN+POS	1	73.78
NN+WL	1	77.90

表 3-24 显示了基于 NN 的方法与基于 HARA12 的方法对比。由于深度学习具有自动提取特征的能力，我们可以说，本书的模型使用了 100 种或者

200 种特征，但是，这种特征提取过程是由神经网络自动完成的，需要手工提取的特征仅使用了 1 个。从表 3－24 中可以看出，采用 NN＋WL 的架构，本书使用少得多的手工提取特征，取得了与 HARA12 接近的准确率。

(3)与 MATTIES13 对比。

2013 年，MATTIES 等人[25]在 HARA 的基础上，使用线性 CRF 来模拟阅读时的眼球运动，只使用单词长度和单词的对数概率(表 3－25)，而不是使用单词形式、词性等。该模型反映了一个假设，即眼球运动在很大程度上不受语义内容的影响，眼球运动取决于单词的物理性质和频率，注视时间之间存在顺序依赖关系。

表 3－25 MATTIES13 实验所使用的特征

特征	范围	描述
Word Length	$\{L_{-2}, L_{-1}, L_0, L_1, L_2\}$	The number of letters for a token
Word Probability	$\{P_{-1}, P_0, P_1\}$	The probability of a word as given in the Dundee data

表 3－26 是基于 NN 的方法与基于 MATTIES13 的实验结果对比。MATTIES13 最大的特点是所用特征数少，但是，从表 3－26 中可以看出，无论是结合词性特征还是结合词长特征，NN 所得到的准确率和 $F1$ 都优于 MATTIES13 的方法。

表 3－26 基于 NN 的方法与基于 MATTIES13 的实验结果对比

模型	手工提取特征数	准确率 A/%	$F1$ /%
MATTIES13	2	69.90	72.30
NN＋POS	1	73.78	75.44
NN＋WL	1	77.90	79.43

(4)与 HAHN16 对比。

2016 年，HAHN 等人[28]提出了一种新颖的方法，该方法使用一种无监督的体系结构对阅读眼动进行建模，将神经注意力与自动编码相结合，并使用强化学习对原始文本进行训练。所提出的模型将人类的阅读行为解释为语言理解的准确性(准确地编码输入)和注意的经济性(尽可能少地注视单词)之间的折衷。作者将他们的模型命名为 NEAT (NEural Attention Tradeoff)。

在训练过程中，使用第 $n+1$ 位被试的阅读眼动数据训练网络，以预测第 n 位读者的注视词。对于缺失值，使用 10 名被试的平均值进行替换。

表 3－27　基于 NN 的方法与基于 HAHN16 的实验结果对比

模型	准确率 A/%	$F1$ /%
HAHN16	69.90	72.30
NN	73.77	74.71

从表 3－27 可以看出，即使不融合领域知识额外引入手工提取的特征，基于深度学习的阅读眼动模型的准确率和 $F1$ 值均已超过了 MATTIES13 模型。出现这种情况的原因，一是监督学习准确率本来就比无监督学习高，二是因为本书的模型在架构上更具优势。

(5)与 VRIES19 对比。

2019 年，VRIES[30]使用 Provo 阅读眼动语料库训练 RNN 模型和 Rescorla－Wagner 模型，以实现根据前一个词的词性标签预测 Penn 树库句子中的词性标签。

训练后的模型在 Provo 语料库中的词性标签上进行评价。Provo 语料库中人类预测的词性标签正确率为 48%，而 RNN 模型和 Rescorla－Wagner 模型的正确率分别为 37%和 32%。2 种模型预测都显示出与人类预测相似的偏向某些常见词汇类别的倾向。为了用模型结果解释人类预测误差的差异，将普通最小二乘法(OLS)模型拟合到结果上。估计量包括词性标签、词长和模型输出，RNN 模型和 Rescorla－Wagner 模型的输出对 OLS 模型有显著贡献。

我们使用本书所提出的模型，同样在 Provo 阅读眼动语料库上预测 Penn 树库句子中的词性标签。实验结果如见表 3－28 所示。

表 3－28　基于 NN 的方法与基于 VRIES19 的实验结果对比

模型	训练集	测试集	准确率 A/%
VRIES19(RNN)	72	12	37.00
VRIES19(Rescorla－Wagner)	72	12	32.00
人类	72	12	48.00
NN	72	12	42.90

(6)与 ELSAYED19 对比。

2019 年，ELSAYED[31]提出了一种端到端的深度学习阅读眼动模型架构，引入了一个称为分位数层(quantile layer)的参数化统计聚合层，该分位数层使网络能够明确地拟合过滤器激活的分布。

表 3-29 基于 NN 的方法与基于 VRIES19 的实验结果对比

模型	训练集	测试集	准确率 A/%	F1 /%
ELSAYED19	68	16	71.03	71.12
ELSAYED19(+ intermediate pooling)	68	16	71.40	71.90
ELSAYED19(+ RNN)	68	16	71.74	72.39
NN	68	16	73.77	74.71
NN+POS	68	16	74.10	74.92
NN+WL	68	16	79.13	80.43

该体系结构由一维卷积滤波器的深层布置组成，这些滤波器从原始眼动信号中提取局部的短期模式，然后是分位数层，其输出表征了这些分布模式。作者设计分位数层的方式可以概括全局最大值、中位数和最小值。由于作者假设短期模式的分布信息最丰富，因此使用标准的非卷积卷积运算，而不是最近用于对时间序列中的更多长期模式进行建模的散卷积运算。

本书使用与 ELSAYED19 模型完全相同的数据集和数据划分方法，所得到的实验结果对比如表 3-29 所示。从表 3-29 中可以看出，即使不结合词性或词长特征，NN 模型也是优于 ELSAYED19。

(7)与 JOTHI20 对比。

2020 年，JOTHI 等人[32]提出了一种基于眼动行为的阅读障碍的预测模型。作者提出了一组小范围的眼球运动特征，这些特征有助于通过机器学习模型区分阅读障碍者和非阅读障碍者。作者使用统计方法、离散度阈值识别(I-DT)和速度阈值识别(I-VT)算法检测与眼球运动事件相关的特征，如注视和眼跳。利用基于粒子群优化(PSO)的 SVM 混合核(Hybrid SVM-PSO)、支持向量机(SVM)、随机森林分类器(RF)、Logistic 回归(LR)和 K-最近邻(KNN)等多种机器学习算法对这些特征进行了进一步的分析。实验结果表明。采用 SVM-PSO 混合模型的预测精度为 95.6%。提供高精度的最佳特征集是平均注视次数、平均注视持续时间、平均扫视运动持续时间、扫视运动总次数和平均注视次数5个特征。

基于本书的方法与基于JOTHI20的实验结果对比如表3-29所示，尽管此方法没有达到JOTHI20的预测精度，但模型的优势是所使用的手工提取特征较少，并且取得的预测精度与JOTHI20相近。

表3-30 基于NN的方法与基于JOTHI20的实验结果对比

模型	手工提取特征数	准确率 A/%
JOTHI20	5	95.60
NN+POS	1	93.34
NN+WL	1	94.66

3.8 本章小结

本章在前一章所提出的阅读眼动注视序列标注任务的基础上，提出了基于深度学习的阅读眼动模型。首先，使用经典的LSTM-CRF深度学习模型解决阅读眼动注视序列标注问题，把实验结果作为基线。然后通过预训练词向量、加入卷积操作、融入注意力机制、改进分类器、优化网络结构、结合阅读眼动领域知识等方法，不断提高基线标准，进一步提升模型的性能。

对于每一个改进策略，本书不仅给出了使用新策略的模型准确率、精确率、召回率和$F1$分数，而且给出新策略较基线模型的性能对比。如果有性能提升，就改变基线，把基线设置为新策略产生的实验结果。

实验结果表明，所提出的新型阅读眼动模型利用了深度学习自动提取特征的优势，并借鉴认知心理学相关研究成果提取了有效的语言学特征，使用较少手工提取特征就能取得较高的准确度。

第4章　基于深度学习的阅读注视词预测

针对现有阅读注视词预测准确率不高的问题，本章应用第3章提出的基于深度学习的阅读眼动模型进行阅读注视词预测；针对阅读注视词预测学习数据缺乏的问题，本章提出了一种基于近义词替换的阅读眼动数据增强方法。

本章首先使用所提出的基于深度学习的阅读眼动模型进行阅读注视词预测，然后进一步考察在不同数据集上的词性、词长、可预测性等语言学特征对预测准确度的影响，最后通过对比现有的阅读注视词预测方法，验证了所提出的基于深度学习的阅读眼动模型在阅读注视词预测上的先进性和有效性。

为了满足深度学习模型对训练数据量的需求，提出了一种基于近义词替换的阅读眼动数据增强方法，并证明了同词长近义词替换优于同词性近义词替换。

4.1 网络架构

本章应用第3章提出的基于深度学习的阅读眼动模型进行阅读注视词预测，网络架构由2个方面构成。

(1)是对输入文字序列的处理，该部分首先接收文字输入，进行词嵌入处理，再馈送到一个含有注意力机制的双向LSTM层，最后经由Dense层输出结果。

(2)是经序列化处理之后的输入文字对应位置的语言学特征。

这2方面的输出经Concatenate层处理之后，再馈送给一个Dense层。网络架构如图4-1所示。

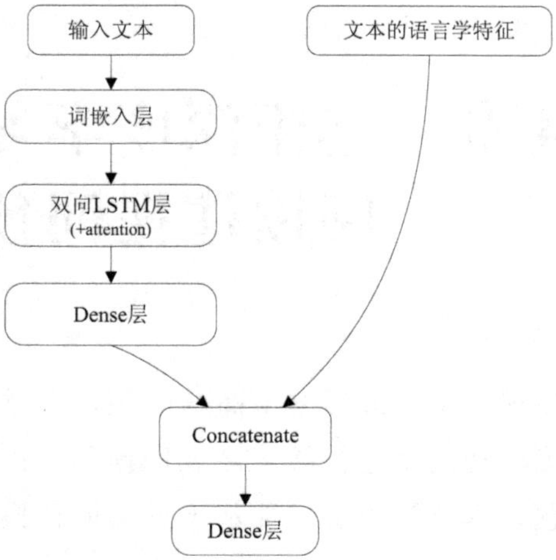

图 4-1　基于深度学习的阅读注视词预测网络架构

4.2　基于 Provo 语料库的阅读注视词预测

本书在 Provo 语料库中选取 20%的数据作为测试数据，其余的 80%作为训练数据。为了保证测评的客观性，这 20%的测试数据与训练数据隔离，完全不参与网络的训练过程。同时，分别从语料库的前、中、后部分选取这 20%的测试数据。具体来说，测评分为 3 个组进行，第一组以语料库中第 1～16 句的眼动数据作为测试数据，以第 17～84 句的眼动数据作为训练数据；第二组以语料库中第 34～49 句的眼动数据作为测试数据，以第 1～33 句和第 50～84 句的眼动数据作为训练数据；第三组以语料库中第 69～84 句的眼动数据作为测试数据，以第 1～68 句的眼动数据作为训练数据。进行了这样的划分之后，每一组的训练集和测试集的句子数之比均为 81%∶19%，测试集接近 20%，符合原定要求。

对于每一组测评数据，本书使用指定的架构用 1 名被试的训练数据进行模型学习，然后在该被试的测试数据上进行模型的评估，得出准确率和 $F1$ 分数。再对 55 名被试重复上述过程，所得到的准确率和 $F1$ 分数取平均值，得到的结果见表 4-1。

表 4-1 中显示了 3 组测评数据在使用词性、词长、可预测性、词性+词长特征时的测评结果，该结果包括模型的准确率和 $F1$ 分数，表格的最

后一列是 3 组测评数据的平均值。可以观察到，无论是否使用手工特征，预测的准确率和 $F1$ 值均小于第 3 章中在模型构建过程中得到的准确率和 $F1$ 值，原因是在构建过程中使用的训练数据占到了总数据的 90%，训练数据相对来说比较充分，而在测评时使用的训练数据占到了总数据的 80%，训练数据相对较少。这说明，即使对于 Provo 语料库来说，仍然存在训练数据不足的问题，这为本书接下来进行的数据增强提供了依据。

表 4-1　基于 Provo 语料库的阅读注视词预测准确率和 *F*1 分数

	分类	第一组	第二组	第三组	平均值
语言学特征	训练集	17～84	1～33，50～84	1～68	68
	测试集	1～16	34～49	69～84	16
	比值	81%：19%	81%：19%	81%：19%	81%：19%
无	准确率 A/%	73.27	73.51	73.42	73.40
	$F1$ /%	75.09	73.90	74.42	74.47
词性	准确率 A/%	73.96	73.51	74.82	74.10
	$F1$ /%	74.71	74.15	75.91	74.92
词长	准确率 A/%	79.27	79.05	79.07	79.13
	$F1$ /%	80.81	79.58	80.89	80.43
可预测性	准确率 A/%	80.91	80.86	79.14	80.30
	$F1$ /%	82.75	82.25	80.58	81.86
词性＋词长	准确率 A/%	79.87	79.59	79.64	79.70
	$F1$ /%	81.82	80.80	81.55	81.39

为了直观地显示各特征(组合)所带来的性能对比，本书使用 3 组测评数据的平均值绘制了基于 Provo 语料库进行阅读眼动注视词预测时不同的特征(组合)的效果图(图 4-2)。从图中可以看出，词性特征对预测准确率影响很小，词长特征对预测准确率影响较明显，而词性＋词长特征组合对准确率的影响仅略高于词长特征，这说明词性特征几乎可以忽略。而对预测准确度影响最大的是可预测性，但这是由于 Provo 语料库的特殊性，它提供了语料的可预测性数值，是可遇不可求的。

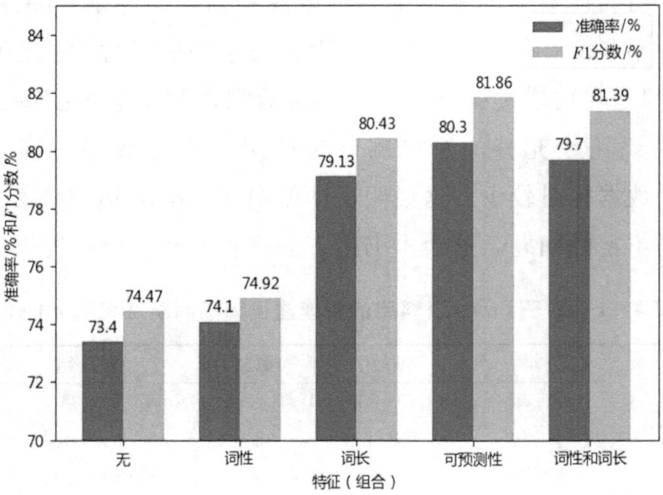

图 4-2　基于 Provo 语料库进行阅读注视词预测时使用不同特征(组合)的效果对比图

4.3　基于 GECO 语料库的阅读注视词预测

本书在 GECO 语料库中选取 20%的数据作为测试数据，其余的 80%作为训练数据。为了保证测评的客观性，这 20%的测试数据与训练数据隔离，完全不参与网络的训练过程。同时，分别从语料库的前、中、后部分选取这 20%的测试数据。具体来说，测评分为 3 个组进行，第一组以语料库中第 1～2 章的眼动数据作为测试数据，以第 3～13 章的眼动数据作为训练数据；第二组以语料库中第 6～7 章的眼动数据作为测试数据，以第 1～5 章和第 8～13 章的眼动数据作为训练数据；第三组以语料库中第 12～13 章的眼动数据作为测试数据，以第 1～11 章的眼动数据作为训练数据。进行了这样的划分后，每一组的训练集和测试集的句子数之比均为 85%∶15%，测试集接近 20%，符合原定要求。

对于每一组测评数据，本书使用指定的架构用一名被试的训练数据进行模型学习，然后在该被试的测试数据上进行模型的评估，得出准确率和 $F1$ 分数。再对 19 名被试重复上述过程，所得到的准确率和 $F1$ 分数取平均值，得到的结果见表 4-2。

表 4-2 中显示了 3 组测评数据在使用词性、词长、词性＋词长特征时的测评结果，结果包括模型的准确率和 $F1$ 分数，表格的最后一列是 3 组测评数据的平均值。可以观察到，从第一组到第三组的测试结果中，无论

使用何种特征，预测准确率越来越高，而在基于 Provo 语料库的试验中却没有出现这种现象。原因是，GECO 语料库是一篇完整的文章，先阅读的文字对后面的文字来说，提供了一定的预测性。而 Provo 语料库是独立的句子，句子之间不存在这样的能提供预测性信息的关系。

表 4-2　基于 GECO 语料库的阅读注视词预测准确率和 *F*1 分数

语言学特征	分类	第一组	第二组	第三组	平均值
	训练集	3～13	1～5，8～13	1～11	11
	测试集	1～2	6～7	12～13	2
	比值	85%∶15%	85%∶15%	85%∶15%	85%∶15%
无	准确率 *A*/%	72.59	74.45	74.92	73.99
	*F*1 /%	72.67	75.34	75.71	74.57
词性	准确率 *A*/%	73.39	74.78	75.88	74.68
	*F*1 /%	74.99	76.47	76.66	76.04
词长	准确率 *A*/%	80.46	81.54	82.68	81.56
	*F*1 /%	81.58	82.01	83.08	82.22
词性＋词长	准确率 *A*/%	81.67	82.83	83.89	82.80
	*F*1 /%	83.13	83.99	85.71	84.28

笔者还注意到，基于 GECO 语料库的各项准确率均高于基于 Provo 的准确率。原因有二：一是 GECO 语料库的规模大于 Provo 语料库；二是在数据集划分上，GECO 语料库的训练集占到了 85%，大于 Provo 语料库的 15%。这再次说明了这样的数据规模对训练神经网络模型来说是不足的，需要研究数据增强技术。

为了直观地显示各特征(组合)所带来的性能对比，本书使用 3 组测评数据的平均值绘制了基于 GECO 语料库进行阅读眼动注视词预测时不同的特征(组合)的效果图(图 4-3)。从图中可以看出，词性特征对预测准确率影响很小，词长特征对预测准确率影响较明显，而词性＋词长特征组合对准确率的影响仅略高于词长特征，这说明词性特征几乎可以忽略。

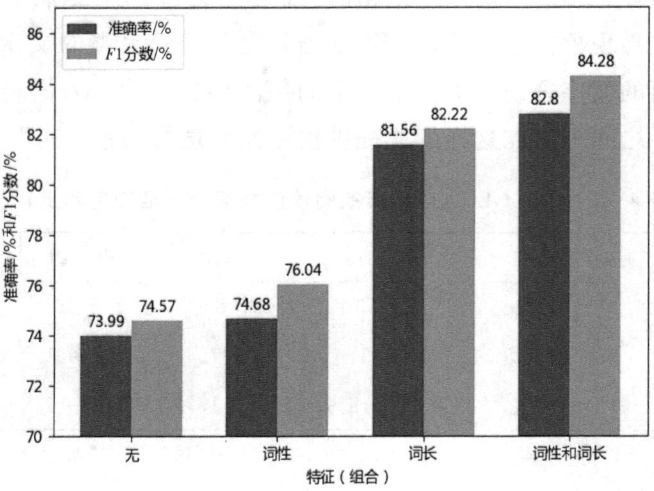

图 4-3　基于 GECO 语料库进行阅读注视词预测时使用不同特征(组合)的效果对比图

4.4　基于 Dundee 语料库的阅读注视词预测

本书在 Dundee 语料库中选取 20％的数据作为测试数据，其余的 80％作为训练数据。为了保证测评的客观性，这 20％的测试数据与训练数据隔离，完全不参与网络的训练过程。同时，分别从语料库的前、中、后部分选取这 20％的测试数据。具体来说，测评分为 3 个组进行，第一组以语料库中第 1～4 段的眼动数据作为测试数据，以第 5～20 段的眼动数据作为训练数据；第二组以语料库中第 9～12 段的眼动数据作为测试数据，以第 1～8 段和第 13～20 段的眼动数据作为训练数据；第三组以语料库中第 17～20 段的眼动数据作为测试数据，以第 1～16 段的眼动数据作为训练数据。进行了这样的划分之后，每一组的训练集和测试集的句子数之比均为 80％：20％，测试集完全等于 20％，符合原定要求。

对于每一组测评数据，本书使用指定的架构用 1 名被试的训练数据进行模型学习，然后在该被试的测试数据上进行模型的评估，得出准确率和 $F1$ 分数。再对 10 名被试重复上述过程，所得到的准确率和 $F1$ 分数取平均值，得到的结果见表 4-3。

表 4-3 中显示了 3 组测评数据在使用词性、词长、词性＋词长特征时的测评结果，结果包括模型的准确率和 $F1$ 分数，表格的最后一列是 3 组

测评数据的平均值。可以观察到，从第一组到第三组的测试结果中，无论使用何种特征，预测准确率并没有越来越高，这与在基于 Provo 语料库的试验中出现的现象相同。原因是，GECO 语料库是一篇完整的文章，先阅读的文字对后面的文字来说，提供了一定的预测性。而 Dundee 和 Provo 语料库是独立的句子，句子之间不存在这样的能提供预测性信息的关系。

表 4－3　基于 Dundee 语料库的阅读注视词预测准确率和 *F*1 分数

	分类	第一组	第二组	第三组	平均值
语言学特征	训练集	5～20	1～8，13～20	1～16	16
	测试集	1～4	9～12	17～20	4
	比值	80%∶20%	80%∶20%	80%∶20%	80%∶20%
无	准确率 *A*/%	72.40	72.68	72.87	72.65
	*F*1 /%	73.72	73.98	73.50	73.74
词性	准确率 *A*/%	73.73	73.23	74.39	73.78
	*F*1 /%	75.65	74.99	75.70	75.44
词长	准确率 *A*/%	77.43	78.21	78.07	77.90
	*F*1 /%	78.44	80.13	79.71	79.43
词性＋词长	准确率 *A*/%	78.24	78.74	78.80	78.59
	*F*1 /%	78.45	78.89	79.34	78.90

笔者还注意到，基于 Dundee 语料库的各项准确率均低于基于 Provo 语料库的准确率。原因仍然在数据规模上：Dundee 语料库要远小于 Provo 语料库。这再次说明了目前的数据规模对训练深度学习模型是不足的，需要研究数据增强技术。

为了直观地显示各特征(组合)所带来的性能对比，本书使用 3 组测评数据的平均值绘制了基于 Dundee 语料库进行阅读眼动注视词预测时不同的特征(组合)的效果图(图 4－4)。

从图中可以看出，词性特征对预测准确率影响很小，词长特征对预测准确率影响较明显，而词性＋词长特征组合对准确率的影响仅略高于词长特征，说明词性特征几乎可以忽略。

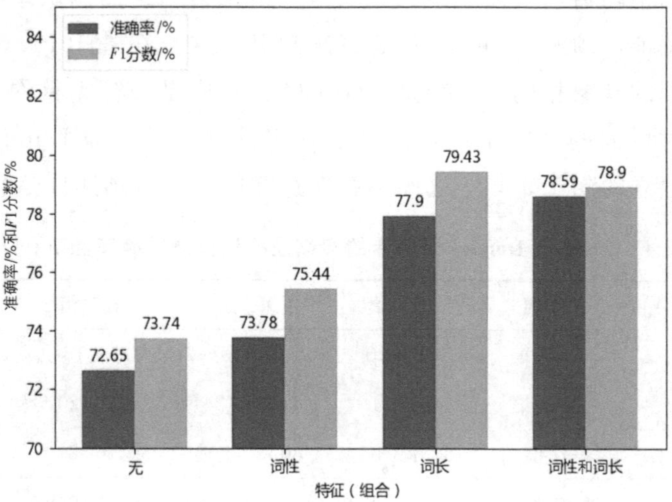

图 4-4　基于 Dundee 语料库进行阅读注视词预测时使用不同特征(组合)的效果对比图

4.5　阅读眼动数据增强技术

深度学习模型在处理复杂任务方面有非常好的表现，这些任务通常需要深入理解翻译、问答、摘要、自然语言推理等文本。但深度学习通常需要数十万甚至数百万的标记训练数据，几千的数据量显然是不够的。深度神经网络具有许多参数，因此如果没有足够的数据，它们往往会学到训练集上的数据特点并且在测试集上表现不佳，造成深度学习的过拟合。为了避免因训练数据不足而出现过拟合现象，需要使用特殊技术。

4.5.1　语言数据增强方法

数据增强是一种通过以标签不变的方式更改训练数据来创建更多训练数据的技术。在计算机视觉中，使用图像变换的方法用于增强数据集，如翻转、裁剪、缩放、旋转等，如图 4-5 所示。

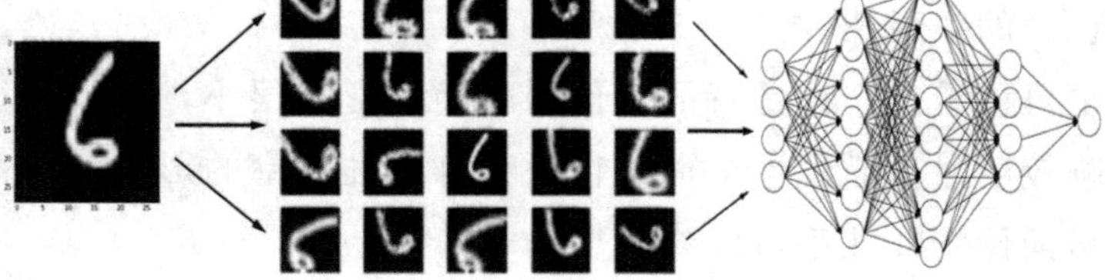

图 4-5　图像数据增加技术示意图

这些变换对于图像数据很有用，但不适用于文本，例如翻转像“小明打了小红”这样的句子不是一个有效的句子，翻转之后的句子是“小红打了小明”，使用它会使模型学习到错误的语义。在某些自然语言处理序列标注任务中，近义词替换是一种有效的数据增强方式。

在这种方法中，研究者用近义词替换目标文本中的某些单词。例如，将句子“我非常喜欢这部电影”更改为“我非常爱这部电影”，它仍具有相同的含义，句子对应位置的标签也相同。

本书尝试使用近义词替换的方法对阅读眼动数据进行扩充，但近义词替换还需要遵循一个原则，即尽可能不改变原位置的标签。本书在前面的研究中已经得出结论：被试的阅读眼跳情况受词长特征影响最显著。因此，本书首先计划使用同词长的近义词替换，这样对标注结果影响最小。此外，本书还尝试使用同词性的近义词替换。

本书使用 WordNet 查找所需的近义词。WordNet 是一个包含了语义信息的英语字典，除此之外，WordNet 把相同意义的字条编成一个近义词集合，并提供简短的定义。为了扩大搜寻范围以找到更多的近义词，本书在寻找近义词时，不仅使用 WordNet 提供的近义词集合，同时还在近义词的简短定义中查找类似的单词。

4.5.2　数据增强技术带来的语料增量

本书首先计算在 3 个语料库中可以使用近义词替换的单位数，进而可以计算出在 3 个语料库中由近义词替换所带来的语料增量。

根据单词替换规则，语料库中的数据可分为 2 类，一类是含有可增强单词的单位，一类是不含有可增强单词的单位。其中，含有可增强单词的单位又可分为 N 类，分别是含有 1 个可增强单词的单位，含有 2 个可增强单词的单位，等等。这里的单位是指 3 个语料库不同的划分单位，Provo 语料库是以段落为单位进行划分，GECO 是以章为单位进行划分，Dundee 是以句子为单位进行划分。

表 4 - 4 列出了在 3 个语料库中可以使用同词长近义词替换的单位数。

表 4 - 5 列出了在 3 个语料库中可以使用同词性近义词替换的单位数。

表 4-4　在 3 个语料库中可使用同词长近义词替换的单位数统计表

语料库	Provo	GECO	Dundee
唯一 token 数	2689	5013	2379
单位数(段、章、句)	84	13	20
同长近义词数	9	12	6
含 0 个可增强单词的单位数	16	1	7
含 1 个可增强单词的单位数	66	7	12
含 2 个可增强单词的单位数	2	4	1
含 3 个可增强单词的单位数	0	1	0

对于不含有可增强单词的单位，无法进行数据增强操作，所带来的数据单位增量为 0；对于含有 1 个可增强单词的单位，该单位可复制一个增强副本出来，副本句和原句只有 1 个单词不同，所带来的数据单位增量为 1。对于含有 2 个可增强单词的单位，该单位可复制 3 个增强副本出来，副本句和原句共有 4 句，所包含的单词分别是 AB、AB^+、A^+B、A^+B^+ 形式，所带来的数据单位增量为 3。

表 4-5　在 3 个语料库中可使用同词性近义词替换的单位数统计表

语料库	Provo	GECO	Dundee
唯一 token 数	2689	5013	2379
单位数(段、章、句)	84	13	20
同词性近义词数	61	76	53
含 0 个可增强单词的单位数	0	0	0
含 1 个可增强单词的单位数	41	0	11
含 2 个可增强单词的单位数	38	6	7
含 3 个可增强单词的单位数	4	5	2
含 4 个可增强单词的单位数	1	1	0
含 5 个可增强单词的单位数	0	1	0

同理，对于含有 N 个可增强单词的单位，可以复制出 2^N-1 个增强副本，副本句和原句共有 2^N 句，所带来的数据单位增量为 2^N-1。在 3 个语料库中，由近义词替换所带来的语料增量统计表见表 4-6 和表 4-7。

表 4-6　在 3 个语料库中由同词长近义词替换所带来的语料增量统计表

语料库	Provo	GECO	Dundee
单位数(段、章、句)	84	13	20
含 0 个可增强单词带来的增量	0	0	0
含 1 个可增强单词带来的增量	66	7	12
含 2 个可增强单词带来的增量	6	12	3
含 3 个可增强单词带来的增量	0	7	0
增量合计	72	26	15
增量倍数	0.86	2.00	0.75

表 4-7　在 3 个语料库中由同词性近义词替换所带来的语料增量统计表

语料库	Provo	GECO	Dundee
单位数(段、章、句)	84	13	20
含 0 个可增强单词带来的增量	0	0	0
含 1 个可增强单词带来的增量	41	0	11
含 2 个可增强单词带来的增量	114	18	21
含 3 个可增强单词带来的增量	28	35	14
含 4 个可增强单词带来的增量	15	15	0
含 5 个可增强单词带来的增量	0	31	0
增量合计	198	99	46
增量倍数	2.36	7.62	2.30

4.5.3　实验结果与分析

本书仍然使用 4.1 节、4.2 节和 4.3 节中的数据划分方法划分语料库的测试数据和训练数据，数据划分完毕之后，本书只针对训练数据进行数据增强。划分的原则仍然是保证测试数据与训练数据完全隔离，测试数据不参与网络训练过程。同时，分别从语料库的前、中、后部分选取这 20% 的测试数据。测评分为 3 个组进行，具体如下：

Provo 语料库：第一组以语料库中第 1～16 句的眼动数据作为测试数据，以第 17～84 句的眼动数据作为训练数据；第二组以语料库中第 34～49 句的眼动数据作为测试数据，以第 1～33 句和第 50～84 句的眼动数据作为训练数据；第三组以语料库中第 69～84 句的眼动数据作为测试数据，以第 1～68 句的眼动数据作为训练数据。这样划分之后，每一组的训练集和测试集的句子数之比均为 81%∶19%，测试集接近 20%，符合原定要求。

GECO 语料库：第一组以语料库中第 1～2 章的眼动数据作为测试数据，以第 3～13 章的眼动数据作为训练数据；第二组以语料库中第 6～7 章的眼动数据作为测试数据，以第 1～5 章和第 8～13 章的眼动数据作为训练数据；第三组以语料库中以第 12～13 章的眼动数据作为测试数据，以第 1～11 章的眼动数据作为训练数据。进行了这样的划分之后，每一组的训练集和测试集的句子数之比均为 85%∶15%，测试集接近 20%，符合原定要求。

Dundee 语料库：第一组以语料库中第 1～4 段的眼动数据作为测试数据，以第 5～20 段的眼动数据作为训练数据；第二组以语料库中第 9～12 段的眼动数据作为测试数据，以第 1～8 段和第 13～20 段的眼动数据作为训练数据；第三组以语料库中第 17～20 段的眼动数据作为测试数据，以第 1～16 段的眼动数据作为训练数据。这样划分之后，每一组的训练集和测试集的句子数之比均为 80%∶20%，测试集完全等于 20%，符合原定要求。

表 4-8　在 Provo 语料库中以同词长近义词替换进行数据增强的前后对比表

是否增强	分类	第一组	第二组	第三组	平均值
	训练集	17～84	1～33，50～84	1～68	68
	测试集	1～16	34～49	69～84	16
	比值	81%∶19%	81%∶19%	81%∶19%	81%∶19%
词长	准确率 A/%	79.27	79.05	79.07	79.13
	*F*1 /%	80.81	79.58	80.89	80.43
增强	准确率 *A*/%	83.51	80.51	82.26	82.09
	*F*1 %/	83.71	80.97	82.41	82.37

为了便于比较 Provo 语料库以词长为基础经过数据增强之后每一组的增强情况，本书给出了每一组训练数据增强之前和增强之后所带来的准确率和 *F*1 值，如表 4-8 所示。从表中可以看出，无论是准确率还是 *F*1 分数，3 组数据的预测结果都有大幅提升，准确率提升了 8 个百分点，*F*1 值提升了 7 个百分点。由表 4-6 中可以查到，Provo 语料库由于同长近义词替换带来的数据增量为 0.86 倍，这 0.86 倍的数据增量带来了准确率 8 个百分点的提升。增强之后的 3 组数据相互对比可以发现，同未增强之前的

数据一样，3 组数据并没有明显的趋势，原因是 Provo 语料库中的段落都是独立的段落，它们之间无所谓先后顺序，阅读顺序并不影响对注视词的预测。

为了便于比较 Provo 语料库以词性为基础经过数据增强之后每一组的增强情况，本书给出了每一组对训练数据增强之前和增强之后所带来的准确率和 $F1$ 值，如表 4 - 9 所示。从表中可以看出，无论是准确率还是 $F1$ 分数，3 组数据的预测结果提升都不明显，准确率提升了 1.3 个百分点，$F1$ 值提升了 1.1 个百分点。由表 4 - 7 中可以查到，Provo 语料库由于同词性近义词替换带来的数据增量为 2.36 倍，这 2.36 倍的数据增量带来了准确率 1 个百分点的提升。增强之后的 3 组数据相互对比可以发现，同未增强之前的数据一样，3 组数据并没有明显的趋势，原因是 Provo 语料库中的段落都是独立的段落，它们之间无所谓先后顺序，阅读顺序并不影响对注视词的预测。

表 4 - 9　在 Provo 语料库中以同词性近义词替换进行数据增强的前后对比表

	分类	第一组	第二组	第三组	平均值
是否增强	训练集	17～84	1～33，50～84	1～68	68
	测试集	1～16	34～49	69～84	16
	比值	81%∶19%	81%∶19%	81%∶19%	81%∶19%
词性	准确率 A/%	73.96	73.51	74.82	74.10
	$F1$ /%	75.91	74.15	74.71	74.92
增强	准确率 A/%	75.98	75.00	75.22	75.40
	$F1$ /%	76.86	75.33	76.01	76.07

为了便于比较 GECO 语料库以词长为基础经过数据增强之后每一组的增强情况，本书给出了每一组对训练数据增强之前和增强之后所带来的准确率和 $F1$ 值，如表 4 - 10 所示。

从表中可以看出，无论是准确率还是 $F1$ 分数，3 组数据的预测结果都有大幅提升，准确率提升了 9.5 个百分点，$F1$ 值提升了 8.8 个百分点。由表 4 - 6 中可以查到，GECO 语料库由于同长近义词替换带来的数据增量为 2 倍，这 2 倍的数据增量带来了准确率 9.5 个百分点的提升。对比增强之后的 3 组数据可以发现，同未增强之前的数据一样，3 组数据准确率和 $F1$ 值在依次增高，原因是 GECO 语料库是一篇完整的文章，先阅读的文字为后面的文字提供了一定的预测性。

表 4-10 在 GECO 语料库中以同词长近义词替换进行数据增强的前后对比表

	分类	第一组	第二组	第三组	平均值
是否增强	训练集	3～13	1～5，8～13	1～11	11
	测试集	1～2	6～7	12～13	2
	比值	85%∶15%	85%∶15%	85%∶15%	85%∶15%
词长	准确率 A/%	80.46	81.54	82.68	81.56
	F1 /%	81.58	82.01	83.08	82.22
增强	准确率 A/%	83.92	84.22	86.01	84.72
	F1 /%	84.58	84.69	86.62	85.30

为了便于比较 GECO 语料库以词性为基础经过数据增强之后每一组的增强情况，本书给出了每一组训练数据增强之前和增强之后所带来的准确率和 *F*1 值，如表 4-11 所示。从表中可以看出，无论是准确率还是 *F*1 分数，3 组数据的预测结果均没有明显提升，准确率提升了 1 个百分点，*F*1 值提升了不足 1 个百分点。由表 4-7 中可以查到，GECO 语料库由于同词性近义词替换带来的数据增量为 7.62 倍，这 7.62 倍的数据增量仅带来了准确率 1 个百分点的提升。对比增强之后的 3 组数据可以发现，同未增强之前的数据一样，3 组数据准确率和 *F*1 值在依次增高，原因是 GECO 语料库是一篇完整的文章，先阅读的文字对后面的文字来说，提供了一定的预测性。

表 4-11 在 GECO 语料库中以同词性近义词替换进行数据增强的前后对比表

	分类	第一组	第二组	第三组	平均值
是否增强	训练值	3～13	1～5，8～13	1～11	11
	测试集	1～2	6～7	12～13	2
	比值	85%∶15%	85%∶15%	85%∶15%	85%∶15%
词性	准确率 A/%	73.39	74.78	75.88	74.68
	F1 /%	74.99	76.47	76.66	76.04
增强	准确率 A/%	74.61	76.21	77.11	75.98
	F1 /%	75.51	77.04	77.31	76.62

为了便于比较 Dundee 语料库以词长为基础经过数据增强之后每一组的增强情况，本书给出了每一组训练数据增强之前和增强之后所带来的准

确率和 $F1$ 值，如表 4 - 12 所示。

表 4 - 12　在 Dundee 语料库中以同词长近义词替换进行数据增强的前后对比表

	分类	第一组	第二组	第三组	平均值
是否增强	训练值	5～20	1～8，13～20	1～16	16
	测试集	1～4	9～12	17～20	4
	比值	80%：20%	80%：20%	80%：20%	80%：20%
词长	准确率 A/%	77.43	78.21	78.07	77.90
	$F1$ /%	78.44	80.13	79.71	79.43
增强	准确率 A/%	79.64	80.21	80.98	80.28
	$F1$ /%	80.50	80.54	81.66	80.90

从表中可以看出，无论是准确率还是 $F1$ 分数，3 组数据的预测结果都有大幅提升，准确率提升了 6.3 个百分点，$F1$ 值提升了 5.7 个百分点。由表 4 - 6 中可以查到，Dundee 语料库由于同词长近义词替换带来的数据增量为 0.75 倍，这 0.75 倍的数据增量带来了准确率 6.3 个百分点的提升。增强之后的 3 组数据相互对比可以发现，同未增强之前的数据一样，3 组数据并没有明显的趋势，原因是 Dundee 语料库中的段落都是独立的段落，它们之间无所谓先后顺序，阅读顺序并不影响对注视词的预测。

为了便于比较 Dundee 语料库以词性为基础经过数据增强之后每一组的增强情况，本书给出了每一组对训练数据增强之前和增强之后所带来的准确率和 F1 值，见表 4 - 13。从表中可以看出，无论是准确率还是 $F1$ 分数，3 组数据的预测结果均没有明显提升，准确率提升了 1.3 个百分点，$F1$ 值提升了-0.1 个百分点。由表 4 - 7 中可以查到，Dundee 语料库由于

表 4 - 13　在 Dundee 语料库中以同词性近义词替换进行数据增强的前后对比表

	分类	第一组	第二组	第三组	平均值
是否增强	训练集	5～20	1～8，13～20	1～16	16
	测试集	1 - 4	9 - 12	17 - 20	4
	比值	80%：20%	80%：20%	80%：20%	80%：20%
词性	准确率 A/%	73.73	73.23	74.39	73.78
	$F1$ /%	75.65	74.99	75.70	75.44
增强	准确率 A/%	74.96	74.31	75.79	75.02
	$F1$ /%	75.49	74.37	76.64	75.39

同长近义词替换带来的数据增量为 2.3 倍，这 2.3 倍的数据增量带来了准确率 1.3 个百分点的提升。增强之后的 3 组数据相互对比可以发现，同未增强之前的数据一样，3 组数据并没有明显的趋势，原因是 Dundee 语料库中的段落都是独立的段落，它们之间无所谓先后顺序，阅读顺序并不影响对注视词的预测。

4.5.4 讨论

为了更直观地展现基于不同语料库和不同数据增强方式进行阅读眼动数据增强所带来的效果，将不同增强方式带来的效果放在同一张图中对比，见图 4-6。

图中的横坐标是语料库名称＋数据增强方式，有 6 类：Provo 词长、Provo 词性、GECO 词长、GECO 词性、Dundee 词长、Dundee 词性。对于每一类，左侧(深色)的柱状图表示未进行数据增强之前的准确率，即常规模式；右侧(浅色)的柱状图表示进行数据增加之后的准确率。

从图中可以看出，3 个语料库因同长近义词替换带来的数据增强效果最好，准确率都取得了显著提升。其中 GECO 的准确率提升最多，达到了 9%，这与两方面原因有关：一是 GECO 语料较大，所含的唯一 token 较多，可替换的同长近义词也相对较多；二是 GECO 语料库是一个完整的文章，读者在阅读过程中基于前面的篇章可以对后面篇章出现的单词进行相对较好的预测。其次是 Provo 语料库因同长近义词替换带来的数据增强效果，最后是 Dundee 语料库因同长近义词替换带来的数据增强效果。这二者的情况相同，语料均为独立的单位，前后没有逻辑关系。但 Provo 语料库的语料较多，所含的唯一 token 较多，可替换的同长近义词也相对较多，所以，带来的准确率提升优于 Dundee 语料库的提升。

3 个语料库因同词性近义词替换带来的数据增强效果都不佳，基本上都是只增加了 1%，而由表 4-6 和表 4-7 可查得，3 个语料库由于同词性近义词替换带来的数据增量为 2.36、7.62、2.30，远高于由于同长近义词替换带来的数据增量(0.86、2.00、0.75)。

综上可以得出结论：采用同词性近义词替换虽然带来的数据增量较多，但是对模型性能的提升并不好；而采用同词长近义词替换带来的数据增量较少，但是对模型性能的提升较大。该结论再次证明了，在拼音文字中，词长等低级视觉因素对阅读眼跳目标选择起着重要的作用。

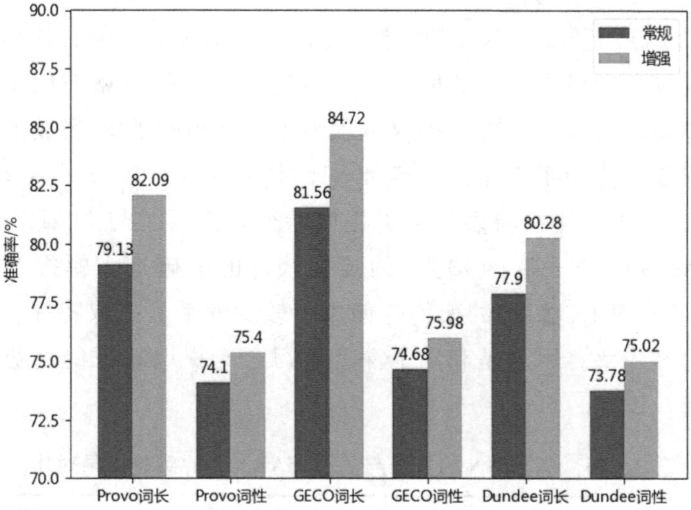

图 4-6　同词长近义词和同词性近义词替换带来的数据增强效果对比图

4.6　与现有方法的对比

本书所提出的方法为基于深度神经网络的方法，使用 NN(Neural Network)表示，所加的特征工程，POS 表示词性，WL 表示词长。

(1)与 NILSSON09 对比。

本书所提出的方法与基于 NILSSON09[23]的实验结果对比见表 4-14。从表 4-14 中可以看出，即使用常规的方法，NN 所得到的准确率和 $F1$ 值也是优于 NILSSON09 的方法的。如果使用数据增强技术之后，所得到的效果提升是显著的，特别是 NN＋WL(增强)方法取得的 $F1$ 值比 NILSSON09 提升了 5 个百分点，准确率提升了 10 个百分点。

表 4-14　基于 NN 的方法与基于 NILSSON09 的实验结果对比

模型	训练集	测试集	准确率 A/%	$F1$ /%
NILSSON09	18	2	69.50	75.20
NN＋POS(常规)	16	4	73.78	75.44
NN＋POS(增强)	16	4	75.02	75.39
NN＋WL(常规)	16	4	77.90	79.43
NN＋WL(增强)	16	4	80.28	80.90

(2)与 HARA12 对比。

表 4-15 显示了基于 NN 的方法与基于 HARA12[24] 的方法对比。由于深度学习具有自动提取特征的能力，可以说，本书的模型使用了 100 种或者 200 种特征，但是这种特征提取过程是由神经网络自动完成的，需要手工提取的特征仅使用了 1 个。从表 4-15 中可以看出，采用 NN+WL(常规)的架构，本书使用少得多的手工提取特征，取得了与 HARA12 接近的准确率。而使用 NN+WL(增强)的架构获得的准确率大幅提升。可以认为，采用 NN+WL(增强)的架构，使用了较少的手工提取特征，但是还取得了较高的准确率。原因是利用了深度学习自动提取特征的优势，再加上融合了领域知识。

表 4-15 基于 NN 的方法与基于 HARA12 的实验结果对比

模型	手工提取特征数	准确率 A/%
HARA12	9	78.60
NN+POS(常规)	1	73.78
NN+POS(增强)	1	75.02
NN+WL(常规)	1	77.90
NN+WL(增强)	1	80.28

(3)与 MATTIES13 对比。

表 4-16 是基于 NN 的方法与基于 MATTIES13[25] 的实验结果对比。MATTIES13 最大的特点是所用特征数少，但是从表 4-16 中可以看出，即使用常规的方法，NN 所得到的准确率和 $F1$ 值也是优于 MATTIES13 的方法。如果再使用数据增强技术之后，所得到的效果提升是显著的，特别是 NN+WL(增强)方法取得的 $F1$ 值比 MATTIES13 提升了 8.6 个百分点，准确率提升了 10.38 个百分点。

表 4-16 基于 NN 的方法与基于 MATTIES13 的实验结果对比

模型	手工提取特征数	准确率 A/%	$F1$ /%
MATTIES13	2	69.90	72.30
NN+POS(常规)	1	73.78	75.44
NN+POS(增强)	1	75.02	75.39
NN+WL(常规)	1	77.90	79.43
NN+WL(增强)	1	80.28	80.90

(4)与 HAHN16 对比。

2016 年，HAHN 等人提出了一种新颖的方法，该方法使用一种无监督的体系结构对阅读眼动进行建模，作者将他们的模型命名为 NEAT (NEural Attention Tradeoff)。为了统一，在此仍然用作者名+年代的方式命名该方法。本书所提出的方法与基于 HAHN16[28] 的实验结果对比如表 4-17 所示。

从表 4-17 可以看出，即使不适用融合领域知识，额外引入手工提取的特征，基于深度学习的阅读眼动模型的准确率和 $F1$ 值均已超过了 HAHN16 模型。出现这种情况的原因，一是监督学习准确率本来就比无监督学习高，二是因为本书的模型在架构上更具优势。

表 4-17　基于 NN 的方法与基于 HAHN16 的实验结果对比

模型	准确率 A/%	$F1$ /%
HAHN16	69.90	72.30
NN	73.77	74.71

4.7　本章小结

本章首先介绍了实验所用的 3 个眼动语料库以及训练和测试数据的划分方法。然后利用本书所提出的基于深度学习的阅读眼动模型预测读者在未见文本(测试集)上的注视词，并分别考察了词性、词长、可预测性等语言学特征对预测准确度的影响，证明了词长等低级视觉因素对阅读眼动的影响最为显著。最后通过对比现有的阅读眼动模型，验证了本书所提出模型的先进性和有效性。此外，为了满足深度学习模型对训练数据量的需求，本书提出了一种阅读眼动数据增强方法，使用该方法对眼动语料库的训练数据进行扩充。实验结果表明，使用训练数据进行增强之后，模型的准确率得到明显提高。

本章还具体对比了使用所提出的模型与其他模型的准确率。对比结果表明，本书的模型能够使用较少的手工提取特征，就取得较高的预测准确率。取得成功的原因是模型不仅利用了深度学习自动提取特征的优势，而且融合了领域知识，引入了先验知识。

第 5 章　基于阅读眼动的生物特征识别

眼动识别是一种新型的生物特征识别技术。针对现有眼动识别使用眼动特征较多的问题，本章提出了一种基于阅读眼动的生物特征识别方法。该方法通过使用第 4 章提出的基于深度学习的阅读注视词预测方法。从输入的语言序列生成预测的注视序列，再与实际的注视序列对比以达到身份识别的目的。

本章首先分析了现有眼动识别技术的不足之处，即仅基于眼动轨迹相似性度量，没有考虑刺激物本身的特征，使用的眼动特征较多。然后通过引入所提出的基于深度学习的阅读眼动模型，把文本序列、文本语言学特征序列作为输入生成预测的注视序列。最后提出了一种基于动态时间规整(Dynamic Time Warping，DTW)的注视序列距离算法，计算预测的和实际的(待识别)注视序列之间的距离，根据注视序列距离是否大于阈值进行身份识别。

5.1　基于眼动轨迹的生物特征识别

生物特征识别技术已被广泛运用到电子商务、电子产品、网络安全等人们生活的各个领域。眼动作为人类的一种行为特征，具有随身性、安全性、广泛性、可采集性等特点[117]，因此可以通过对比人类的眼动轨迹特征达到识别用户的目的。

现有眼动生物特征识别技术主要是基于眼动轨迹的相似性度量，提取易于测量的眼动轨迹特征，例如注视持续时间或眼跳长度，或者使用更复杂的眼动空间和时间信息比较 2 个眼动轨迹。这些技术通常返回可以用作眼动轨迹相似性/距离度量的值(或多个值)，却没有把刺激物本身的因素考虑在内。

阅读心理学相关研究表明，在阅读过程中，眼动模式在个体之间是显著不同的[118]，但同一受试又呈现出一定的相似性[119]，表明阅读眼动行为具有某种程度上的唯一性和稳定性[120]，可以作为一种生物特征识别手段。

图 5-1 显示了 10 名被试在阅读同一段文字时的注视序列。

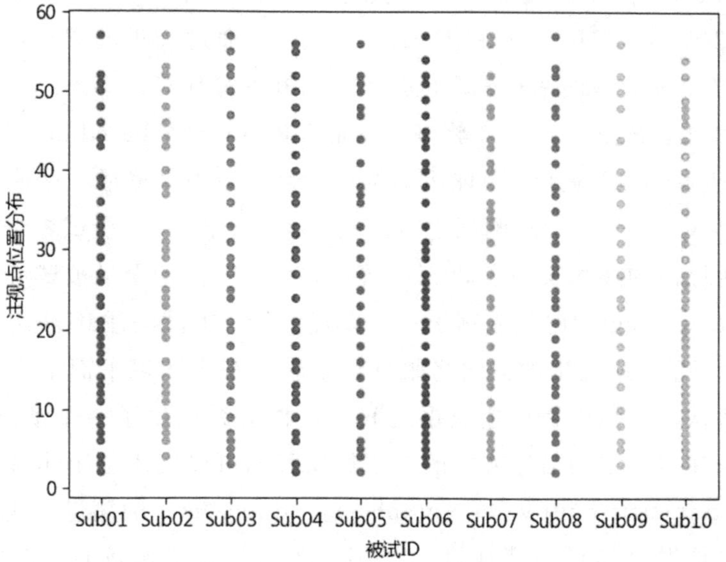

图 5-1　10 名被试在阅读同一段文字时的注视序列

横轴为被试者 ID，纵轴为同一段文本中(60 个词)单词的位置标号。

图中的小圆点是被试在阅读该文字时的注视位置分布情况。

不同被试在阅读同一段文字时的注视序列是显著不同的。

眼球运动生物特征学的基础源于扫描路径(scanpath)理论的早期研究，其中“扫描路径”一词指的是由有序的注视和眼跳序列形成的空间路径。1971 年，Noton 和 Stark[121] 发现，一个受试在观察一个图案时形成的扫描路径，在随后的测试中出现了 65%的重复，且为特定刺激产生的扫描路径会因人而异。

据本书所知，Kasprowski 和 Ober[122,123] 在 2004 年发表的研究是第一个将眼球运动作为生物识别的研究。他们在 9 个受试者的数据集上，借鉴语音识别中常用的技术进行眼动生物识别，获得平均 1%的假正例率(false positive rate，FPR)和 23%的假反例率(false negative rate，FNR)。

2011 年，Holland 和 Komogortsev[124] 开始研究复杂眼球运动模式(complex eye-movement patterns，CEM-P)，使用高斯核和线性组合对高水平和聚合特征进行了比较，如注视次数，平均注视持续时间，平均矢量眼跳幅度，平均水平眼跳幅度，平均垂直眼跳幅度，平均矢量眼跳速度，平均矢量眼跳峰值速度，速度波形指示，扫描路径长度，扫描路径凸包面积，兴趣区，拐点计数，幅度-持续时间关系系数，以及幅度-峰值速度关系系数。在 32 名受试者中，获得了 27%的等误率(equal error rate，EER)。2013 年，Holland 和 Komogortsev[125]通过改进的 CEM - P 技术，实现了 16.5%的等误率——这也是本书所知的最佳等误率。

2012 年，Rigas 等人[126]将基于图形匹配(graph - based matching)技术(类似于人脸识别)应用在眼球运动位置信号比较中，将最小生成树与多变量 Wald - Wolfowitz 运行测试进行比较，在一个由 15 个受试者组成的数据集上，所提出的技术实现了 30%的等误差率。实验记录了被试者在观察面部图像(face images)时的眼球运动，以提供每个被试的注意力点(attention spots)的信息。所提出的方法将眼球运动轨迹视为图像平面上点的二维分布。作者认为，图论为描述数据之间的结构关系提供了一个动态的框架，图形对象在表示结构信息方面的效率促使我们可以使用基于非参数多元图(non - parametric multivariate graph - based measure)的测量方法比较眼动信号，以根据个体行为特征进行识别。在图形对象比较时，图编辑距离(Graph Edit Distance，GED)提供了一个很好的度量。为此，首先生成一个代表图表示数据的结构关系，并且可以根据每个顶点对应的数据集的特性分配顶点标签。然后将该代表图与原型图或模型图的数据库进行比较，以识别和分类感兴趣的结构。由于所提出的方法使用的特征是注视位置，因此不仅要考虑结构，还要考虑各点之间的权重(距离)。在这种情况下，作者提出了一种动态比较方案，该方案首先在参考和测试样本之间建立联合最小生成树图结构，然后利用点集中分布属性得出统计数据。

2015 年，Cantoni 等人[127]提出了一种称为 GANT 的注视分析技术，对于每个受试，使用不同点的注视时间和回视次数构建眼动模型，利用密度图的 Frobenius 范数寻找两个记录之间的相似性。

眼动生物识别技术发展 10 多年来，目前仍处于起步阶段。上述眼动生物识别技术所使用的解决方案是提取易于测量的眼动空间和时间信息比较 2 个扫描路径，没有把刺激物本身的因素考虑在内。本章利用深度学习自动提取特征学习的优势[128]，提出了一种基于深度学习的阅读眼动生物特征识别技术，综合考虑刺激物(阅读材料)和扫描路径两个方面的因素，使用较少的眼动特征就能取得有效的识别结果。

5.2 问题设置

R 表示一组读者集合，单个读者 $r\in R$。T 表示词序为$(w_1, \cdots, w_n)$的文本。对于每个 $r\in R$，根据 T 中的每个单词产生一个注视序列 F_{RAW}，F_{RAW} 服从

$$F_{RAW} \sim p(F_{RAW} \mid T, r) \tag{5-1}$$

这里的 $p(F_{RAW} \mid T, r)$是一个特定受试者阅读一段文本时的眼动模式分布。例如，有文本“Kate quivered and went to the window”，被表示为$T=$ (Kate，quivered，and，went，to，the，window)，一个可能的注视序列 F_{RAW} 记为（Kate，quivered，and，Kate，quivered，went，the，window)，相应的位置序列为(1，2，3，1，2，4，6，7)。以单词所在的矩形划分区域，与 F_{RAW} 相对应的区域位置集合为{1，2，3，4，6，7}。对于所有的区域，若有注视点落入该区域，则该区域标记为 1，否则标记为 0，以 IA 表示区域标记序列，则相应的 IA 为(1，1，1，1，0，1，1)。IA 的元素个数与 T 相同。

在做基于阅读眼动模式的身份识别时，假设 M 是一个可计算眼动模型，给出一个文本序列 T，读者 r 阅读 T 时的眼动注视序列 F_{RAW} 由感应器采集得到，目的是推算出：

$$r=\arg\max_{r\in R} p(R \mid M, T, F_{RAW}) \tag{5-2}$$

为了便于模型进行数据处理，使用 IA 序列代替 F_{RAW} 序列，同时引入与 T 相对应的若干关于 T 的语言学特征序列 $A_1\cdots A_n(n\in N)$，则 A_n 的长度与 T 相同，此时所求的目标变为：

$$r=\arg\max_{r\in R} p(R \mid M, T, IA, A_1\cdots A_n)(n\in N) \tag{5-3}$$

5.3 基于阅读眼动的生物特征识别模型架构

本章提出的阅读眼动识别可计算模型把文本序列、文本语言学特征序列和实际的注视序列作为输入，通过度量预测的注视序列和实际的注视序列相似性距离输出识别结果。图 5 - 2 展示了该模型的架构。

其中，文本序列输入的处理经过 3 层：第一层是词嵌入层，利用词汇

表将词汇转换成稀疏高维度的独热向量，再将独热向量映射成稠密低维度的词向量；第二层是双向 LSTM 层，保存文本序列中较早的信息，以便后面使用；第三层是密集连接层，作为文本序列处理的输出层。模型在完成了对输入文本的处理之后，生成的向量与文本的语言学特征序列向量合并，馈送给一个密集连接层，生成预测的阅读眼动注视词序列。至此，预测注视序列的任务完成。接下来比较预测的注视序列和实际的注视序列的相似性距离，进行身份识别。

以下详细描述所提出的基于深度学习的阅读眼动识别可计算模型架构，逐层介绍神经网络的各个组件(层)和注视序列相似性度量方法。

1)词嵌入层

词嵌入层实现文本向量化处理的过程，输入是数字序列，输出是向量列表。在到达词嵌入层之前，神经网络模型不能接收原始文本作为输入，它只能处理数值张量，所以需要进行数字化处理，再进行向量化处理。文本的整个向量化处理步骤如下：

(1)读取文本数据。

(2)建立 token。

• 计算出字典的字数，实验所用 55 句文本的去重词汇数为 1318，据此将字典大小设置为 1500。

• 读取 55 句文本，依照每一个单词在所有句子中出现的次数进行排序。

• 建立的字典如{b'the'：1，b'to'：2，b'a'：3，b'and'：4，b'of'：5，b' '：6，b'in'：7，b'that'：8，b'was'：9，b'is'：10，…}，共有 1500 个单词。

用此字典进行词汇到数字转换，例如'the'转换成 1,'to'转换成 2。

(3)使用 token 将文本序列转换为数字列表。

(4)截长补短让所有数字列表长度为 100。

序列长度补短：因为后续要将数字序列转换成向量序列，并送入深度学习模型进行训练，所以长度必须固定。实验把文本序列、注视序列、文本语言学特征序列都补齐为长度 60。对文本序列和文本语言学特征序列用数字 0 左补齐，对注视序列用数字 1 左补齐。

(5)使用嵌入层将数字列表转换为向量列表。

数字序列转换为向量序列：前面将词汇转成数字，可是数字在语义上无任何关联。为了能让每一个词汇有关联性，必须将文字映射成多维空间的向量。语义类似的词汇向量在多维几何空间的距离也比较相近。嵌入层可以实现将数字列表转换为向量列表，最后就可以把向量序列送入深度学习模型进行训练了。

嵌入向量作为网络的参数与其他参数一起被训练。在训练神经网络时，使用稀疏独热向量作为输入，意味着使用网络的第一层从训练数据中学习稠密词嵌入向量。

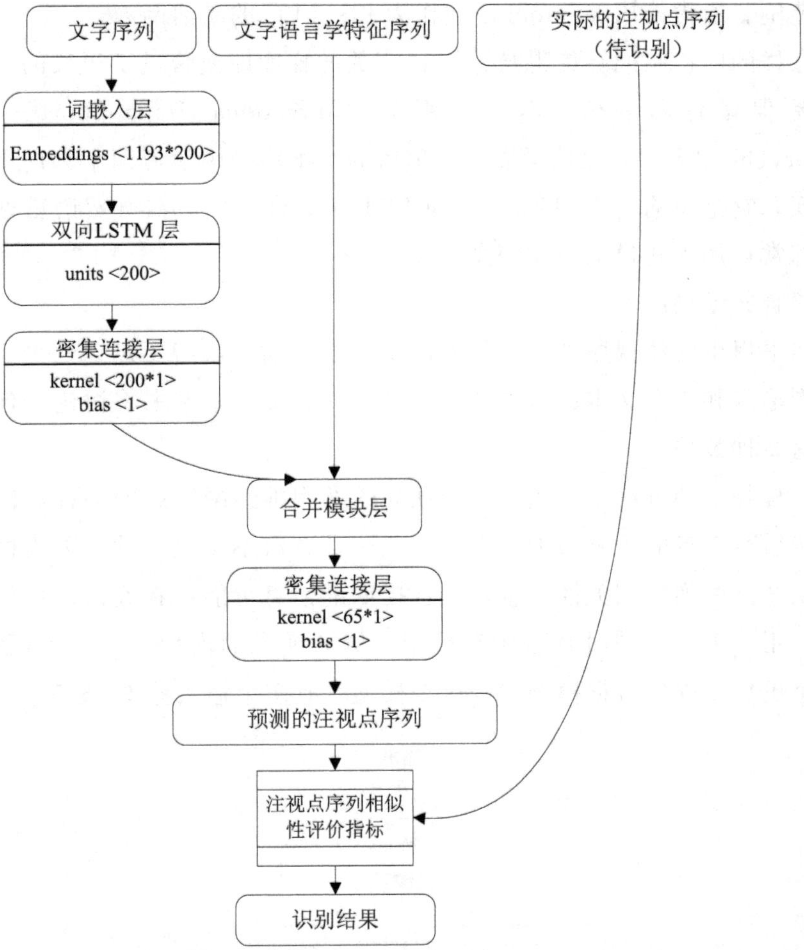

图 5-2　基于深度学习的阅读眼动识别(reading eye-movement recognition，REMR)可计算模型架构

模型首先通过词嵌入层、双向 LSTM 层和密集链接层对输入文本进行处理，再与文本的语言学特征序列进行合并学习，生成预测的阅读眼动注视词序列，最后通过对比预测阅读眼动注视词序列与实际阅读眼动注视词序列(要识别的阅读眼动注视词序列)的相似性距离输出识别结果。

2)LSTM 层

LSTM 层被设计用于解决梯度消失问题，并且是第一种引入门机制的结构。LSTM 结构明确地将状态向量 s_j 分解为两部分，一部分称为记忆单元，另一部分是运行记忆。记忆单元负责跟踪输入序列中元素之间的依赖关系。输入门控制新值流入记忆单元的范围，忘记门控制值保留在记忆单元中的范围，输出门控制记忆单元中的值用于计算 LSTM 单元的输出激活的范围。通常使用 sigmoid 函数作为 LSTM 门的激活函数。

这样的门机制能够使得与记忆 c_j 相关的梯度即使跨过了很长的时间距离仍然保留较高的值。本书使用 Bi - directional Long Short - Term Memory(bi - LSTM)，从词嵌入处理后的文本序列中学习两个方向上的表示特征，它是由前向 LSTM 与后向 LSTM 组合而成，在自然语言处理任务中都常被用来建模上下文信息。

3)合并模块层

本书提出的注视序列预测任务需要多模态输入，需要包含至少 1 个文本序列输入和 1 个文本语言学特征序列输入。接下来本书将讨论如何同时使用这 2 种数据。

一种朴素的方法是，训练 3 个独立的卷积神经网络或循环神经网络模型，然后对三者的预测做加权平均。但这种方法不是最优的，因为模型提取不到 3 个序列的相关性信息，并且提取的信息可能存在冗余。更好的方法是使用一个可以同时查看所有可用的输入模态的模型[129]，从而联合学习一个更加精确的数据模型——这个模型具有多个输入分支(图 5 - 3)。

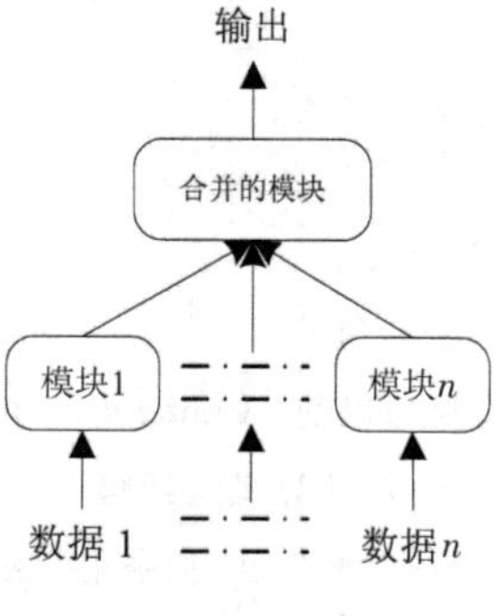

图 5 - 3　多输入深度神经网络模型

合并输入模块以文本序列 $t_{1:n}$、注视序列 $ia_{1:n}$ 以及文本语言学特征序

列 $a_{1:n}$ 作为输入，并将它们转换成向量表示，然后将它们进行拼接从而得到相应的输入表示 $x_{1:n}$：

$$x_i=[t_i;\ ia_i;\ a_i] \tag{5-4}$$

5.4　注视序列相似性度量方法

本书基于 Dynamic Time Warping (DTW)思想[130]计算 2 个注视序列的相似距离。首先，基于动态规划构建注视序列 a 和注视序列 b 的距离矩阵 $dp[i][j]$，其中，$dp[i][j]$表示序列 $a[0:i]$和 $b[0:j]$之间的相似距离的平方。并且有：

$$dp[i][j]=\begin{cases}(a[0]-b[0])^2 & i=0,\ j=0\\ (a[0]-b[j])^2+dp[0][j-1] & i=0\\ (a[i]-b[0])^2+dp[i-1][0] & j=0\\ (a[i]-b[j])^2+\min(dp[i-1][j], & \\ dp[j-1][i],\ dp[i-1][j-1])i, & j>0\end{cases} \tag{5-5}$$

其中，$dp[\mathrm{len}(a)-1][\mathrm{len}(b)-1]$就是相似距离的平方，最后开方就是 2 个注视序列的相似距离，即 2 个序列的相似度可以用距离来衡量。矩阵 $dp[i][j]$从左上角到右下角的最优路径就是所要求的相似距离 *distance*。在实际使用中，该算法不太适用于周期序列的距离计算，尤其两个序列是相似周期，且是经过平移后得到的序列。而同一名被试在不同时间阅读同一段文字时的眼动轨迹可能就是这种具有相似周期的轨迹。为了兼容这种现象，接下来求得一个惩罚系数 α，这个 α 和原算法的 distance 相乘，得到更新后的 distance。惩罚系数 α 方案如下：

(1)先求解 2 个注视序列 *seq*1 和 *seq*2 的最长公共子串，长度记为 a。

(2)因为 *seq*1 和 *seq*2 是数值序列，在求最长公共子串时，设置了一个最大标准差的偏移容忍。也就是说，2 个数值在这个标准差内，认为也是公共子串中的一部分。

由于 *seq*1 和 *seq*2 是数值序列，在求其最长公共子串时，首先分别求得 *seq*1 和 *seq*2 的标准差，将其中较大的一个设置为最大标准差 *std*，对于任意 i，j，不一定必须是 *seq*1[i]＝*seq*2[j]才说明它们是公共子串中的一部分，而是凡是｜*seq*1[i]- *seq*2[j]｜＜*std*，同样认为它们也是公共子串中的一部分。

(3)衰减系数：$\alpha = 1 - \frac{a \times a}{\mathrm{len}(seq1) \times \mathrm{len}(seq2)}$。也就是说，2 个数值序列的最长公共子串越长，则衰减系数越小。这样 α 和原算法的 distance 相乘，得到更新后的 distance 就越小。

5.5 实验过程与方法

5.5.1 实验环境与数据集

本书的实验环境为：Python3.7＋Keras2.2.4＋TensorFlow1.13。实验所有代码在 GitHub 上公开，网址：https：//github.com/wxmgo/eye－movement－in－reading/.。

实验基于 Provo 语料库[79]和 GECO 语料库[80]的数据而开展。实验使用了 Provo 语料库所有受试的数据，他们每人均阅读了 55 段文本。实验使用了 GECO 语料库的英文部分，19 名被试阅读了小说的 13 个章节。为了使模型的测试结果更加客观，需隔离训练集与测试集，二者互不交叉。

一般来说，功能词比内容词(有意义的词)更容易被读者跳过，因为功能词一般较短，没有实际意义。然而，在 Provo 语料库中，16％(4605/27430＝16.78％)的内容词也被跳过，因为它们的词长较短或频率较高。词长和词频是影响阅读扫视的重要语言因素。

5.5.2 数据的语言学特征选取

心理学研究的证据表明，注视和眼跳模式是由视觉水平的高低信息驱动的。

单词的长度、频率和可预测性都是可以影响阅读眼动的语言学特征。其中，低级视觉特征可以用词长代表，而词频和单词可预测性包含了高级语言信息。

相关研究还发现，高级语言信息对阅读眼跳的影响远小于低级视觉信息的影响。例如，文本中较短的单词比较长的单词更容易被跳过。为了定量分析这个现象，图 5-4 显示了 Provo 语料库和 GECO 语料库中单词长度和跳转频率之间的关系，单词长度和跳转频率是正态分布的。

此外，以往的研究[131－133]也得出了同样的结论，即词长对阅读眼动的影响最为显著。因此，实验所用数据的语言特征只包含一种低级视觉信息，即词长。

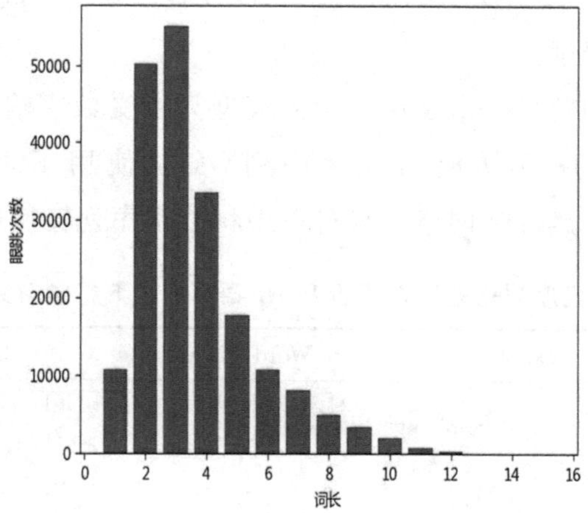

(a)Provo 语料库

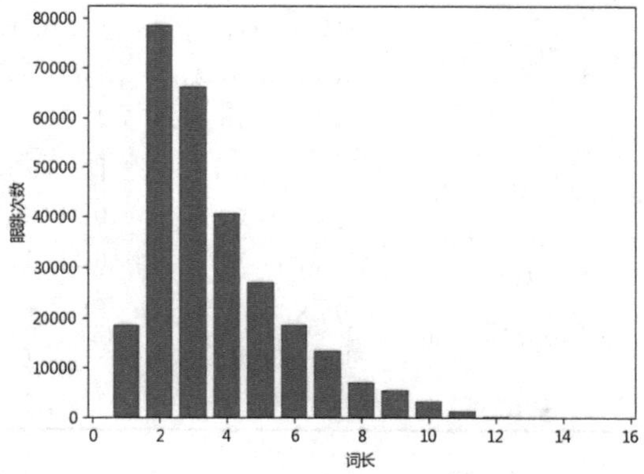

(b)GECO 语料库

图 5-4 Provo 和 GECO 语料库中词长与眼跳次数的关系

横坐标为词长，纵坐标为眼跳次数。

5.5.3 数据预处理

数据的序列化处理：语料库中的数据是基于词汇的，不能体现词汇之间的语言学关系，因此需要进行序列化处理，将基于词汇的数据合并成基于序列的数据。转换后的 Provo 语料库前 5 行数据如表 5-1 所示。

表中的 IA 列是 0，1 序列，其中，0 表示该单词所在区域被眼跳掠过，1 表示该单词所在区域存在着注视点。

为了便于进行数据标签的独热(one-hot)处理，表中把 Participant_

ID 均按减 1 处理，以确保 Participant _ ID 以整数 0 作为起始。表中的 0 对应于编号为 1 的受试。

词汇到向量的转换：由于深度学习模型只接受数字输入，因此该模型必须首先将词汇序列转换为数字序列（实验使用了 Keras[134] 提供的 Tokenizer 模块），然后在网络训练过程中将数字序列转换成矢量序列。

表 5－1　经序列化处理之后的 Provo 语料库前 5 行学习数据列表

Text _ ID	Text	Word _ Length	IA	Participant _ ID
1	[‘ are ’, ‘ now ’, ‘ rumblings ’, ‘that’, ’Appl…	[3, 3, 9, 4, 5, 5, 4, 6, 3, 5, 5, 5, 6, 3, 7, …	[1, 1, 1, 0, 1, 1, 1, 1, 0, 1, 1, 1, 1, 0, 1, …	0
2	[‘days’, ‘later’, ‘the’, ‘British’, ’ast…	[4, 5, 3, 7, 10, 7, 0, 3, 9, 3, 11, 7, 5, 7, 3, …	[1, 1, 0, 1, 1, 1, 1, 1, 1, 1, 1, 1, 1, 1, 1, …	0
3	[‘agree’, ‘that’, “California’s”, “three’…	[5, 4, 12, 5, 7, 3, 6, 3, 3, 4, 2, 1, 9, 8, 3, …	[1, 0, 1, 1, 1, 0, 1, 1, 1, 1, 1, 0, 1, 1, 1, …	0
4	[‘ was ’, ‘ in ’, ‘ a ’, ‘ bad ’, ‘temper’, ‘fo…	[3, 2, 1, 3, 6, 3, 3, 3, 6, 3, 9, 8, 2, 3, 7, …	[0, 1, 0, 1, 0, 1, 0, 1, 0, 1, 1, 1, 0, 1, 1, …	0
5	[‘Darling ’, ‘ quivered ’, ‘ and ’, ‘went’, ‘t…	[7, 8, 3, 4, 2, 3, 6, 2, 3, 8, 8, 3, 6, 3, 3, …	[1, 1, 0, 1, 1, 0, 1, 0, 0, 1, 1, 0, 1, 1, 0, ….	0

数据标签的独热处理：使用 keras. np _ utils 中提供的 to _ categorical 方法对数据标签进行独热（one－hot）编码转换[134]。转换后的向量共有 10 维，每个向量只有 1 个维度是 1，其余全部为 0。Provo 语料库训练数据标签的独热编码如图 5－5 所示，一共 550 行，每行 10 个数字，图中只列出了前后 3 行和前后 3 列。

```
array([[1., 0., 0., ..., 0., 0., 0.],
       [1., 0., 0., ..., 0., 0., 0.],
       [1., 0., 0., ..., 0., 0., 0.],
       ...,
       [0., 0., 0., ..., 0., 0., 1.],
       [0., 0., 0., ..., 0., 0., 1.],
       [0., 0., 0., ..., 0., 0., 1.]], dtype=float32)
```

图 5－5　Provo 语料库被试 ID 的独热编码示意图

5.5.4　注视序列相似性距离统计

使用 5.4 节描述的注视序列相似性度量方法，本书以某一被试的眼动数据训练模型，使其给出该被试在阅读一段未见文本时的预测注视序列，然后对比预测的注视序列与实际的注视序列。图 5－6 显示了 Provo 语料库中与 1 号受试者阅读第 46 段文字时有关的 2 段注视序列相似性对比图。

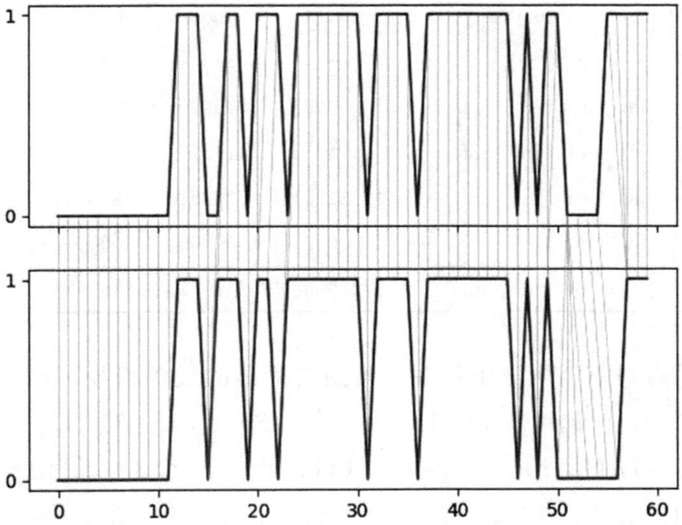

图 5－6　模型预测的注视序列与实际序列相似性对比图

上图为模型预测的注视序列，下图为实际的(待识别的)注视序列。横坐标为同一段文本中(60 个词)单词的位置标号，纵坐标为 1 表示该位置的单词被注视，为 0 表示该位置的单词被跳过。

在这项工作中，本书使用均方根传播(Root Mean Square Prop，RMSProp)算法[135]训练神经网络模型，这个优化器是训练循环神经网络的首选[136]。RMSProp 隐式地应用模拟退火算法，在向最小值移动时，RMSProp 会自动减少学习步骤，以免跳过最小值。损失函数使用分类交叉熵函数。

仅从 2 段注视序列分布的规律上可以定性地看出，模型的预测具有较高的准确度。为了定量测量 2 个序列的相似性，本书使用 5.4 节中提到的方法获得 Provo 语料库中序列距离矩阵(表 5－2)。

表 5-2 预测注视序列与实际注视序列之间的距离矩阵(Provo 语料库)

	0	1	2	3	4	5	…	55	56	57	58	59	60
0	0.0	0.0	0.0	inf	inf	inf	…	inf	inf	inf	inf	inf	inf
1	0.0	0.0	0.0	0.0	0.0	0.0	…	inf	inf	inf	inf	inf	inf
2	0.0	0.0	0.0	0.0	0.0	0.0	…	inf	inf	inf	inf	inf	inf
3	inf	0.0	0.0	0.0	0.0	0.0	…	inf	inf	inf	inf	inf	inf
4	inf	0.0	0.0	0.0	0.0	0.0	…	inf	inf	inf	inf	inf	inf
…	…	…	…	…	…	…	…	…	…	…	…	…	…
56	inf	inf	inf	inf	inf	inf	…	1.000000	1.000000	1.000000	0.0	0.0	0.0
57	inf	inf	inf	inf	inf	inf	…	1.414214	1.414214	1.414214	0.0	0.0	0.0
58	inf	inf	inf	inf	inf	inf	…	1.732051	1.732051	1.732051	0.0	0.0	0.0
59	inf	inf	inf	inf	inf	inf	…	2.000000	2.000000	2.000000	0.0	0.0	0.0
60	inf	inf	inf	inf	inf	inf	…	2.236068	2.236068	2.236068	0.0	-1.0	-1.0

相似距离是距离矩阵中从左上角到右下角的最优路径。矩阵中最佳路径的坐标如下：[(0, 0), (1, 1), (2, 2), (3, 3), (4, 4), (5, 5), (6, 6), (7, 7), (8, 8), (9, 9), (10, 10), (11, 11), (12, 12), (13, 13), (14, 14), (15, 15), (16, 15), (17, 16), (17, 17), (18, 18), (19, 19), (20, 20), (21, 20), (22, 21), (23, 22), (24, 23), (24, 24), (25, 25), (26, 26), (27, 27), (28, 28), (29, 29), (30, 30), (31, 31), (32, 32), (33, 33), (34, 34), (35, 35), (36, 36), (37, 37), (38, 38), (39, 39), (40, 40), (41, 41), (42, 42), (43, 43), (44, 44), (45, 45), (46, 46), (47, 47), (48, 48), (49, 49), (50, 49), (51, 50), (51, 51), (51, 52), (51, 53), (52, 54), (53, 55), (54, 56), (55, 57), (56, 57), (57, 57), (58, 57)]。

为了定量地度量 2 个序列的相似度，使用它们的序列距离矩阵的最优路径进行度量。距离矩阵从左上角到右下角的最优路径就是所要求的相似距离 distance。这样的最优路径，可以用图表示，例如 1 号受试者阅读第 46 段文字时模型预测的注视序列与实际的注视序列的最优路径如图 5-7 所示。2 个注视序列的相似距离为 1.7321。

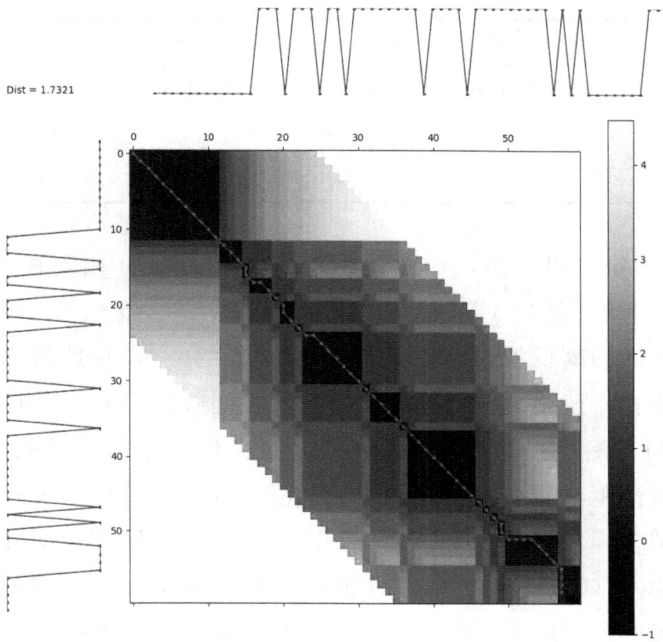

图 5－7　2 个注视序列距离矩阵的最优路径图

本章 5.4 节描述的注视序列相似性度量方法统计了 Provo 语料库中，1～84 号被试预测的注视序列与实际的注视相似性距离统计结果如表 5－3 所示。其中 A1－P1 代表 1 号被试预测的注视序列与实际的注视相似性距离，以此类推。

表 5－3　预测的注视序列与实际的注视相似性距离统计表(Provo 语料库)

Text _ ID	A1－P1	…	A4－P4	A5－P5	A6－P6	…	A48－P48	A49－P49	A50－P50	…	A84－P84
Text1	2.1146	…	1.6636	2.0180	1.1102	…	1.4689	1.5603	2.2537	…	1.0884
Text2	1.7833	…	2.1302	1.0207	2.2017	…	1.2655	2.1932	0.9979	…	1.9809
…	…	…	…	…	…	…	…	…	…	…	…
Text16	1.5061	…	2.1687	0.9028	1.8789	…	2.0043	0.9441	1.7238	…	1.2789
Text17	2.0578	…	1.3679	1.5973	2.0742	…	2.2683	0.9004	1.1440	…	1.9521
Text18	2.1306	…	1.1812	2.2985	0.9013	…	1.8768	1.9175	2.0462	…	1.3511
…	…	…	…	…	…	…	…	…	…	…	…
Text40	1.7501	…	2.0273	0.9965	1.0456	…	1.7956	1.9455	0.9636	…	1.7510
Text41	1.5221	…	1.2680	2.3403	1.3968	…	2.2948	1.3463	1.9741	…	1.0029

表 5-3(续)

Text _ ID	A1-P1	…	A4-P4	A5-P5	A6-P6	…	A48-P48	A49-P49	A50-P50	…	A84-P84
Text42	1.2543	…	2.2644	1.7617	1.1004	…	1.6325	1.1004	1.9905	…	2.2753
…	…	…	…	…	…	…	…	…	…	…	…
Text55	1.3334	…	1.1547	2.1070	1.2138	…	1.7226	1.5274	1.0292	…	1.3723

从表 5-3 中可以看出，相似性距离最小值 0.9004 出现在行 Text17，列 A49-P49；最大值 2.3403 出现在行 Text41，列 A5-P5。因此，注视序列相似性距离的阈值取值范围为[0.9004，2.3403]，在此范围内，本书设定固定的步长，使用评估指标依次评价取不同阈值带来的影响。

在 GECO 语料库上的相似性距离统计如表 5-4 所示。从表 5-4 中可以看出，相似性距离最小值 1.4005 出现在行 Text4，列 A9-P9；最大值 3.2976 出现在行 Text11，列 A19-P19。因此，注视序列相似性距离的阈值取值范围为[1.4005，3.2976]，在此范围内，本书设定固定的步长，使用评估指标依次评价取不同阈值带来的影响。实验结果将在下一节讨论。

表 5-4　预测的注视序列与实际的注视相似性距离统计表(GECO 语料库)

Text _ ID	A1-P1	…	A8-P8	A9-P9	A10-P10	…	A18-P18	A19-P19
Text1	3.0914	…	1.9767	1.9602	1.8241	…	1.9337	2.0913
Text2	2.1609	…	2.0824	1.7413	2.0956	…	1.9029	2.0761
Text3	1.7319	…	2.2311	2.2772	2.0400	…	1.9235	2.6817
Text4	1.7895	…	1.8356	1.4005	2.5855	…	2.7415	3.0888
Text5	1.7387	…	3.0535	2.0726	1.7069	…	2.5683	3.0905
…	…	…	…	…	…	…	…	…
Text10	2.8608	…	2.2700	2.2713	1.6939	…	1.7660	2.9172
Text11	2.8511	…	1.6259	2.4209	3.1991	…	1.9665	3.2976
Text12	2.2607	…	1.9246	3.0423	3.0545	…	2.5756	3.0413
Text13	1.5554	…	2.1851	1.4186	2.4478	…	1.9092	2.7170

5.6 实验结果与讨论

5.6.1 评估指标

使用 Rank-1(R1)准确率和等误率(equal error rate，EER)对所提出

的方法进行评估。Rank－1 准确率指正确识别总数与所用样本数之比，EER 是误识率(false acceptance rate，FAR)和拒识率(false rejection rate，FRR)相等时的值。

误识率指在眼动追踪语料库上测试阅读眼动生物识别方法时，不同眼动序列的相似距离大于给定阈值，从而被认为是相同受试的比例。简单地说就是，“把不应该匹配的眼动序列当成匹配的眼动序列”的比例。

拒识率指在眼动追踪语料库上测试阅读眼动生物识别方法时，相同眼动序列的相似距离低于给定阈值，从而被认为是不同受试的比例。简单地说就是，“把应该相互匹配成功的眼动序列当成不能匹配的眼动序列”的比例。

5.6.2　实验结果

基于 5.5 节中确定的阈值范围，本书在此范围内以固定步长设置阈值，每个阈值对应一组 FAR 和 FRR 值。在 Provo 语料库上，当 FAR 和 FRR 相等时的值 EER 为 19.4%，相应的阈值为 1.6071。在 GECO 语料库上，当 FAR 和 FRR 相等时的值 EER 为 20.59%，相应的阈值为 2.3410。图 5－8 显示了 DET(Detection Error Tradeoff)曲线。EER 是曲线与穿过点(0，0)和(1，1)的线相交的地方。

在测量 Rank－1 准确性时，如果预测的注视序列与实际(待识别)序列之间的相似距离小于阈值，则认为该被试是同一名被试。在数据集上通过 10 倍交叉验证方法测量了 Rank－1 准确率。由于神经网络的初始值是随机选择的，因此该实验重复了 100 次，在 Provo 语料库上获得的平均 Rank－1 准确度为 86.5%，在 GECO 语料库上获得的平均 Rank－1 准确度为 85.23%。实验结果和标准偏差列于表 5－5。

表 5－5　实验结果对比表

指标	Graph－based matching	CEM－P	本书的模型	本书的模型
			Provo 语料库	GECO 语料库
R1	70%	82.60%	86.50% ± 2.96%	85.23% ± 3.09%
EER	30%	16.50%	19.40%	20.59%
手工提取特征	4	12	1	1

据作者所知，在现有的阅读眼动生物识别技术中，CEM－P 方法[124]

获得最高的 EER 和 Rank - 1 精度，基于图的匹配（Graph - based matching)方法[126]使用的手工提取特征最少。如表 5 - 5 所示，所提出的方法使用较少的手动提取特征来获得与 CEM - P 方法相似的 R1 精度和 EER 值。

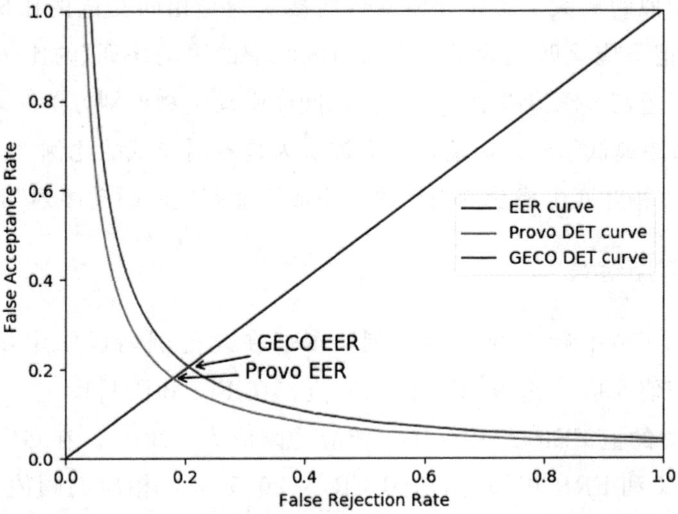

图 5 - 8　DET(Detection Error Tradeoff)曲线

此外，本书还统计了仅使用 Provo 语料库 10 名被试的样本时，预测的注视序列与实际的注视相似性距离统计表(表 5 - 6)，给出了使用 10 名被试的样本与使用全部 84 名被试的样本的实验结果对比(表 5 - 7)。可以看出，随着样本数目显著增大，所提出的基于深度学习的阅读眼动识别可计算模型能正确识别和保持正确率，进一步证明了模型的鲁棒性。

表 5 - 6　使用 10 名被试样本时预测的注视序列与实际的注视相似性距离统计表(Provo 语料库)

Text _ ID	A1 - P1	A2 - P2	A3 - P3	A4 - P4	A5 - P5	A6 - P6	A7 - P7	A8 - P8	A9 - P9	A10 - P10
Text1	2.1952	2.2173	1.4231	1.5957	2.0442	1.1334	1.1404	1.8630	2.0201	1.3187
Text2	1.8517	1.6811	1.5939	2.1430	1.0157	2.1270	1.3794	2.1601	1.4322	1.9837
…	…	…	…	…	…	…	…	…	…	…
Text41	1.5991	2.0675	1.3367	1.2512	2.2998	1.3474	1.3132	1.4134	1.2770	1.1043
…	…	…	…	…	…	…	…	…	…	…
Text48	1.9026	1.4197	1.1842	1.1911	2.0649	0.9545	1.6192	2.2694	0.9005	1.4678
…	…	…	…	…	…	…	…	…	…	…
Text55	1.3919	1.0413	1.8224	1.0674	2.1563	1.2751	1.2339	1.4301	1.5004	1.2275

表 5-7　使用 10 名被试样本时与使用 84 名被试样本时的实验结果对比(Provo 语料库)

指标	10 名被试	84 名被试
R1	89.9% ± 2.76%	86.50% ± 2.96%
EER	18.00%	19.40%

5.6.3　讨论

本书认为所提出的方法使用较少特征，取得与 CEM-P 相似的 R1 和 EER 值的原因有二：一方面，利用深度学习自动提取特征的优势，减少了人为设计特征造成的不完备性；另一方面，文本语言学特征序列选用了词长序列，它不仅易获得，而且符合人类对低级视觉特征的处理。同时，LSTM 具有处理文本序列中长短期信息的能力，符合人类对高级视觉特征的处理。模型充分利用了低级视觉特征和高级视觉特征，这更符合阅读眼动的实际原理。

所提出的方法不足之处在于，并非是严格的端到端学习，虽然利用了刺激物(阅读材料)和眼动序列 2 方面的特征，但是需要对阅读材料提前进行词长标注，这是该方法的局限性。幸运的是，词长特征可以由计算机自动标记。未来需要多角度评估语言学特征的效应。

本书提出的基于阅读眼运动的生物特征识别方法在指定的数据集上获得了较高的识别准确率，但本书认为它不是一种“真正的”生物特征识别方法，不能单独使用。“真正的”生物特征识别方法，如指纹和虹膜模式，在人的一生中或多或少保持不变，而眼球运动则由认知状态和眼动神经功能控制，后者相对不稳定。可以很容易推断出，同一个人对同一篇文章的第一次阅读和随后的阅读的眼动模式是不同的。此外，影响阅读眼动的因素很多，如材料的难度、读者对材料的熟悉程度、阅读环境、阅读目标(有些任务需要在阅读后回答问题，有些任务只需要通读)，甚至字体大小。眼动识别作为一种基于行为特征的生物特征识别方法，永远无法获得比基于物理特征的生物特征识别方法更高的识别率和更好的鲁棒性。

然而，基于行为特征的生物特征识别仍然具有以下独特的优势：①行为特征不易伪造。由于基于眼球运动的识别使用的信息主要是大脑产生的(目前还不可能模仿)，伪造这种信息要困难得多。然而，基于物理特征的生物识别方法，如指纹识别或虹膜识别，大多是基于人体的生理特性。因此，正确识别所需要的只是被识别人的“身体”。这使得能够用一个失去知觉的人来完成识别，或者，在某些情况下，一个无意识的人也可以。②基于行为特征的生物特征识别方法可以在不被感知或无约束(unconstraint)的情况下识别。眼动识别可以通过隐藏的摄像机或眼动仪来实现。对于基于物理特征的识别，需要主动允许传感器从身体的某个部位采集数据。

总之，基于行为特征和基于物理特征的识别相结合可以弥补后者的不足，从而使身份认证系统更加安全。

5.7 本章小结

本章提出了一种基于深度学习的阅读眼动生物特征识别技术，利用基于多输入架构的深度神经网络构建阅读眼动识别可计算模型，再通过对比预测注视序列和实际注视序列的相似性识别受试者身份。模型较少依赖于数据特征，并且需要较少的预处理，这使得所提出的模型在工业和工程应用领域具有吸引力[137]。模拟实验结果表明，模型在 Provo 测试集上的 Rank-1 识别率为 86.5%，在 GECO 测试集上的 Rank-1 识别率为 85.23%。实验结果进一步证明了所提出的方法在生物识别方面的新颖性、有效性和优越性。作为一种行为(而非物理)生物特征，眼动特征可能永远无法达到物理特征(如指纹和虹膜图案)的识别准确度水平，然而行为特征识别所具有的采集隐蔽性、不易盗取和伪造性，使其在与基于物理特征的生物识别技术深度融合之后，在安全领域有广阔的应用前景。

第 6 章　总结与展望

阅读眼动是人类语言认知过程的外显性注意，构建阅读眼动模型，在语言认知和阅读行为研究方面有重要的意义，在机器视觉、自然语言处理、身份识别等领域也有重要的应用价值。然而，现有阅读眼动模型建模方法复杂、所需特征较多，缺乏阅读眼动学习数据。本书利用深度学习自动提取特征的优势，构建基于深度学习的阅读眼动模型，使用较少的手工提取特征就能更准确地模拟人的阅读眼动行为，并探讨了模型在阅读眼动注视词预测和生物特征识别中的应用。全书的工作总结如下。

6.1　结论和创新点

全面综述了阅读眼动模型的研究现状，详细介绍了阅读眼动的生理学原理、眼动追踪技术以及影响阅读眼动的语言学因素，简评了相关研究，并指出学科交叉研究、深度学习应用、行为特征研究是未来相关研究的发展趋势。本书从基于认知转移、基于视觉神经生理参数估计、基于语言概率推理、基于概率图模型、基于神经网络 5 个角度综述了现有的阅读眼动模型，指出了现有模型的不足之处，阐述了本书的研究思路。通过将阅读眼动过程视为读者在文字上标注注视点的过程，从而将复杂的阅读眼动建模任务转化成更加容易建模的序列标注任务，这样可以借鉴已有的序列标注任务研究方法，利用深度学习自动提取特征的优势，提高阅读眼动注视序列标注任务的性能。

介绍了常见的语言序列标注任务，剖析了阅读眼动注视序列标注任务与语言序列标注任务的高度相似性，给出了阅读眼动注视序列标注任务的基本描述和形式化描述，并阐述了本书在完成该任务时所做的 2 个突破，即提出了基于单词的阅读眼动注视粒度处理模式和基于熟练读者的阅读眼动回视处理模式。对本书实验所用数据集、评价指标和实验平台也进行了分类介绍。通过隐马尔可夫模型、最大熵马尔科夫模型和条件随机场模型 3 个机器学习模型，实现了阅读眼动注视序列标注任务，证明了所提出的方法的可用性和易实现性。

研究利用深度学习技术解决所提出的阅读眼动注视序列标注任务，提出了一种基于深度学习的阅读眼动模型。在自然语言序列标注任务深度学习经典模型的基础上，本书通过使用预训练词向量和语言数据一维卷积以构造阅读词的富语义表示；通过融入注意力机制以构建更符合人类阅读行为的词-眼序列解码模式；通过使用上下文无关的标注分类器以简化序列标注任务深度学习经典模型；通过分析小样本阅读眼动数据下的模型输出结果统计方差与均值，以确定最优的堆叠式 LSTM 层数；通过使用多输入深度学习架构以融合阅读眼动领域知识。对于每一个改进策略，本书不仅给出了使用新策略的模型准确率、精确率、召回率和 F1 分数，而且给出了新策略较基线模型的性能对比。在使用手工提取特征方面，本书分别结合了词性、词长和单词可预测性特征开展实验，实验结果表明，词性特征对模型性能提升不明显，单词可预测性特征对模型性能提升最为显著但是不易获取，而词长特征则既能够显著提高模型性能又较易获取。

利用所提出的基于深度学习的阅读眼动模型，在 Provo、GECO、Dundee 3 个眼动语料库上进行阅读眼动注视词预测。为了保证客观性，实验在每个语料库上分 3 组进行，分别从语料库的前、中、后部分选取 20％的数据作为测试数据，其余的 80％作为训练数据。通过比较预测准确率和 $F1$ 分数，实验考察了词性、词长、可预测性等语言学特征对预测准确度的影响，证明了词长等低级视觉因素对阅读眼动的影响最为显著。最后，通过对比其他阅读眼动可计算模型，证明所提出模型能够使用较少的手工提取特征，就取得较高的预测准确率。此外，本书提出了一种阅读眼动数据增强方法，以满足深度学习模型对训练数据量的需求。使用该方法对眼动语料库的训练数据进行扩充增强之后，预测准确率得到明显提高。

提出了一种基于阅读眼动的生物特征识别技术，利用被试者的阅读眼动模式差异来识别被试身份。实验基于所提出的深度学习阅读眼动模型开展，并结合本书前期关于语言学特征对模型预测准确度影响效应的研究，在多输入架构的深度神经网络的基础上，以文本序列、文本语言学特征序列和阅读注视序列作为输入，构建阅读眼动识别可计算模型。模型先使用被试的阅读眼动数据训练模型，以预测被试在未见文本上的注视序列，再通过注视序列相似性度量算法计算预测的注视序列和实际注视序列的相似性距离。根据相似性距离是否小于设定的阈值来判断 2 个注视序列是否属于同一名被试。模拟实验结果表明，注视序列相似性识别算法在 Provo 和 GECO 数据集上分别获得 19.4%和 20.59%的等误率，所提出的基于阅读眼动的生物特征识别技术在 Provo 和 GECO 测试集上分别获得 86.5%和 85.23%的 Rank-1 识别率。

本书的创新之处包括：

(1)提出阅读眼动注视序列标注任务，通过将阅读眼动过程视为读者在文字上标注注视点的过程，将复杂的阅读眼动建模任务转化成更加容易建模的序列标注任务。这是阅读眼动模型构建方面的创新研究。

(2)构建基于深度学习的阅读眼动模型，不仅利用深度学习自动提取特征的优势，而且融合了阅读眼动领域知识，使用较少的手工提取特征，就能取得较好的性能。这是深度学习应用方面的创新研究。

(3)应用所提出的阅读眼动模型，可以定量分析阅读行为和评价影响阅读眼动的语言学特征，为验证、修正和反驳现有理论假设提供有力的证据，会促进语言认知和阅读行为研究的发展，在生物特征识别、自然语言处理、机器视觉、虚拟现实等领域也具有重要的应用价值。这是阅读眼动模型应用方面的创新研究。

(4)引入深度学习技术到阅读眼动建模中，将属于认知心理学范畴的阅读眼动问题看作语言处理问题，并使用深度学习技术给出解决方案。这是语言学、心理学和计算机科学开展学科交叉应用的创新研究。

6.2 未来工作方向

人类认知行为研究是一个非常具有前景的研究方向，受时间和精力等因素的限制，本书的研究工作仍有很多地方有待改进。需要进一步研究的问题包括：

(1)纳入回视行为到阅读眼动注视序列标注任务中。本书所开展的研究基于阅读眼动语料库，被试均为熟练阅读者。熟练阅读者因每次注视所覆盖的和加工的字、词多，故而在阅读过程中不仅注视次数少，回视次数也少。据统计，熟练阅读者在阅读过程中的回视次数占注视次数之比不足 10%。然而，在实际的阅读过程中，回视现象发生的次数与读者的阅读技巧、阅读材料难易程度和阅读任务有关，不同程度的读者在阅读不同的材料时，注视次数和回视次数均有不同。所以，进一步的研究应该在阅读眼动注视序列标注任务中考虑回视，这样才能使据此构建的模型更符合实际。此外，模型在不同被试上的预测准确度存在差异是否与读者的熟练程度有关，这些被试的阅读眼动数据是否有统计学上的差异，回视次数是否可以作为衡量读者对阅读材料熟练程度的指标，都需要在未来的研究中进一步探索。

(2)扩展所提出的模型在中文等非拼音文字上的应用。本书所有的实验均基于拼音文字开展，未在中文等非拼音文字上应用，原因之一是我国在眼动基础数据方面较欠缺，缺少以中文为语料的阅读眼动数据集。未来应尝试构建中文阅读眼动语料库，在此基础上，扩展所提出模型应用的语种范围。

(3)考察更多影响阅读眼动的语言学特征。本书在模型构建和阅读眼动注视词预测中仅考察了词性、词长、单词可预测性3个语言学特征对阅读眼动的影响。其中，词性和单词可预测性是高水平语言特征的代表，词长是低水平视觉特征的代表。据心理学相关研究表明，影响阅读眼跳目标的因素还有词间空格、词频、正字法熟悉性(orthographic familiarity)等。未来的研究应进一步全面考察模型结合各种低水平视觉特征和高水平语言特征所产生的性能差异。

(4)探索眼动数据不足情况下的模型应用问题。本书所提出的阅读眼动模型是基于深度学习的，而深度学习是数据贪婪的。训练一个深度学习网络需要数万甚至十万、百万的样本，为了应对阅读眼动训练数据不足的问题，本书提出了基于近义词替换的数据增强方法，也尝试尽量降低模型的复杂度，以提高模型的性能。未来的研究中，一方面，需要优化网络结构和超参数，设计更为合理的网络架构；另一方面，需要进一步研究更为有效、易行的数据增强方法。应从理论和实践层面指出，数据增强到多大程度才能够满足深度学习的需要，这对于中文阅读眼动语料库的构建具有指导意义。

参考文献

[1]DUNCAN J L. Electrophysiologic Testing in Disorders of the Retina, Optic Nerve, and Visual Pathway [J]. British Journal of Ophthalmology, 2001, 85(8): 1013e-1013.

[2]MEHDORN E, LAQUA H. Circulatory disorders of the retina and the optic nerve[C]//Fortschritte der Ophthalmologie. 1990, 87(SUPPL.).

[3]LEE A G, MORGAN M L, PALAU A E B, et al. Anatomy of the Optic Nerve and Visual Pathway [G]//Nerves and Nerve Injuries. 2015, 1: 277-303.

[4]RAYNER K, POLLATSEK A. Eye-Movement Control in Reading [G]//Handbook of Psycholinguistics. 2006: 613-657.

[5]RAYNER K. Eye Movements inReading and Information Processing: 20 Years of Research [J]. Psychological Bulletin, American Psychological Association Inc., 1998, 124(3): 372-422.

[6]MORRISON R E. Manipulation of stimulus onset delay in reading: Evidence for parallel programming of saccades [J]. Journal of Experimental Psychology: Human Perception and Performance, 1984, 10(5): 667-682.

[7]REICHLE E D, POLLATSEK A, FISHER D L, et al. Toward a Model of Eye Movement Control in Reading [J]. Psychological Review, 1998, 105(1): 125-157.

[8]REICHLE E D, RAYNER K, POLLATSEK A. The E-Z reader model of eye-movement control in reading: Comparisons to othermodels [J]. Behavioral and Brain Sciences, 2003, 26(4): 445-476.

[9]ENGBERT R, LONGTIN A, KLIEGL R. A dynamical model of saccade generation in reading based on spatially distributed lexical processing [J]. Vision Research, 2002, 42(5): 621-636.

[10]ENGBERT R, NUTHMANN A, RICHTER E M, et al. Swift: A dy-

namical model of saccade generation during reading [J]. Psychological Review, 2005, 112(4): 777 - 813.

[11]REILLY R G, RADACH R. Some empirical tests of an interactive activation model of eye movement control in reading [J]. Cognitive Systems Research, 2006, 7(1): 34 - 55.

[12]SNELL J, VAN LEIPSIG S, GRAINGER J, et al. OB1 - reader: A model of word recognition and eye movements in text reading [J]. Psychological Review, 2018, 125(6): 969 - 984.

[13]TWEED D, VILIS T. A two dimensional model for saccade generation [J]. Biological Cybernetics, 1985, 52(4): 219 - 227.

[14]DAI W, SELESNICK I, RIZZO J R, et al. A parametric model for saccadic eye movement[C]//2016 IEEE Signal Processing in Medicine and Biology Symposium, SPMB 2016 - Proceedings. 2017.

[15]KRUCHININA A P, YAKUSHEV A G. A Mathematical Model of Optimal Saccadic Eye Movement by a Pair of Muscles [J]. Biophysics (Russian Federation), 2018, 63(2): 241 - 247.

[16]ISKANDER J, HOSSNY M, NAHAVANDI S, et al. An ocular biomechanic model for dynamic simulation of different eye movements [J]. Journal of Biomechanics, 2018, 71: 208 - 216.

[17] LEGGE G E, KLITZ T S, TJAN B S. Mr. Chips: An Ideal - Observer Model of Reading [J]. Psychological Review, 1997, 104(3): 524 - 553.

[18]LEGGE G E, HOOVEN T A, KLITZ T S, et al. Mr. Chips 2002: New insights from an ideal - observer model of reading [J]. Vision Research, 2002, 42(18): 2219 - 2234.

[19]REICHLE E D, LAURENT P A. Using reinforcement learning to understand the emergence of《intelligent》eye - movement behavior during reading [J]. Psychological Review, 2006, 113(2): 390 - 408.

[20]BICKNELL K, LEVY R. A rational model of eye movement control in reading[C]//ACL 2010 - 48th Annual Meeting of the Association for Computational Linguistics, Proceedings of the Conference. 2010:

1168－1178.

[21]BICKNELL K. Eye movements in reading as rational behavior[J]. Dissertation Abstracts International：Section B：The Sciences and Engineering，2012，72：7071.

[22]RIMEY R D，BROWN C M. Controlling eye movements with hidden Markov models [J]. International Journal of Computer Vision，1991，7(1)：47－65.

[23]NILSSON M，NIVRE J. Learning where to look：Modeling eye movements in reading[C]//CoNLL 2009－Proceedings of the Thirteenth Conference on Computational Natural Language Learning. 2009：93－101.

[24]Nilsson M，Nivre J. Entropy－Driven Evaluation of Models of Eye Movement Control in Reading[C]//Human－Machine Interaction in Translation：Proceedings of the 8th International NLPCS Workshop. Samfundslitteratur，2011，41：201.

[25]HARA T，MOCHIHASHI D，KANO Y，et al. Predicting Word Fixations in Text with a CRF Model for Capturing General Reading Strategies among Readers[C]//Proceedings of the First Workshop on Eye－tracking and Natural Language Processing. Mumbai，India：The COLING 2012 Organizing Committee，2012，1(December 2012)：55－70.

[26]MATTIES F，SøGAARD A. With blinkers on：Robust prediction of eye movements across readers[C]//EMNLP 2013－2013 Conference on Empirical Methods in Natural Language Processing，Proceedings of the Conference，2013：803－807.

[27]KIT D，SULLIVAN B. Classifying mobile eye tracking data with hidden Markov models[C]//Proceedings of the 18th International Conference on Human－Computer Interaction with Mobile Devices and Services Adjunct，Mobile HCI 2016. 2016：1037－1040.

[28]HAHN M，KELLER F. Modeling Human Reading with Neural Attention [C]//Proceedings of the 2016 Conference on Empirical Methods in Natural Language Processing. Austin，Texas：Association for Computational Linguistics，2016：85－95.

[29]YU A W, LEE H, LE Q V. Learning to skim text[C]//ACL 2017 - 55th Annual Meeting of the Association for Computational Linguistics, Proceedings of the Conference (Long Papers). 2017, 1: 1880 - 1890.

[30]De VRIES W. Explaining lexical processing times with cognitively plausible computational models[C]//CEUR Workshop Proceedings. 2019, 2491.

[31]ELSAYED A A H A. Probabilistic, deep and metric learning for biometric identification from eye movements [D]. Universität Potsdam, 2019.

[32]JOTHI PRABHA A, BHARGAVI R, . Predictive Model for Dyslexia from Fixations and Saccadic Eye Movement Events [J]. Computer Methods and Programs in Biomedicine, 2020, 195.

[33]INHOFF A W, RADACH R, EITER B M, et al. Exterior Letters Are Not Privileged in the Early Stage of Visual Word Recognition during Reading: Comment on Jordan, Thomas, Patching, and Scott - Brown (2003) [J]. Journal of Experimental Psychology: Learning Memory and Cognition, 2003, 29(5): 894 - 899.

[34]JUHASZ B J. Age - of - acquisition effects in word and picture identification [J]. Psychological Bulletin, 2005, 131(5): 684 - 712.

[35]REICHLE E D, LIVERSEDGE S P, DRIEGHE D, et al. Using E - Z Reader to examine the concurrent development of eye - movement control and reading skill [J]. Developmental Review, 2013, 33(2): 110 - 149.

[36]PATERSON K B, MCGOWAN VA, JORDAN T R. Filtered text reveals adult age differences in reading: Evidence from eye movements [J]. Psychology and Aging, 2013, 28(2): 352 - 364.

[37]RAYNER K, CASTELHANO M S, YANG J. Eye Movements and the Perceptual Span in Older and Younger Readers [J]. Psychology and Aging, 2009, 24(3): 755 - 760.

[38]VEENSTRA R, LINDENBERG S, HUITSING G, et al. The role of teachers in bullying: The relation between antibullying attitudes, efficacy, and efforts to reduce bullying [J]. Journal of Educational Psy-

chology, 2014, 106(4): 1135 - 1143.

[39]REILLY T, EDWARDS B. Altered sleep - wake cycles and physical performance in athletes [J]. Physiology and Behavior, 2007, 90(2 - 3): 274 - 284.

[40]COLLINS T, VERGILINO - PEREZ D, BEAUVILLAIN C, et al. Saccadic adaptation depends on object selection: Evidence from between - and within - object saccadic eye movements [J]. Brain Research, 2007, 1152(1): 95 - 105.

[41]DORÉ - MAZARS K, POUGET P, BEAUVILLAIN C. Attentional selection during preparation of eye movements. [J]. Psychological research, 2004, 69(1 - 2): 67 - 76.

[42]HYÖNÄ J, YAN M, VAINIO S. Morphological structure influences the initial landing position in words during reading Finnish [J]. Quarterly Journal of Experimental Psychology, 2018, 71(1 Special Issue): 122 - 130.

[43]LAVIGNE F, VITU F, D'YDEWALLE G. The influence of semantic context on initial eye landing sites in words [J]. Acta Psychologica, 2000, 104(2): 191 - 214.

[44]VITU F, LANCELIN D, D'UNIENVILLE V M. A Perceptual - Economy Account for the Inverted - Optimal Viewing Position Effect [J]. Journal of Experimental Psychology: Human Perception and Performance, 2007, 33(5): 1220 - 1249.

[45]RAYNER K, JUHASZ B, ASHBY J, et al. Inhibition of saccade return in reading [J]. Vision Research, 2003, 43(9): 1027 - 1034.

[46]STRAUBE A, DEUBEL H, DITTERICH J, et al. Cerebellar lesions impair rapid saccade amplitude adaptation [J]. Neurology, 2001, 57 (11): 2105 - 2108.

[47]CUTTER M G, DRIEGHE D, LIVERSEDGE S P. Reading sentences of uniform word length - Ⅱ: Very rapid adaptation of the preferred saccade length [J]. Psychonomic Bulletin and Review, 2018, 25(4): 1435 - 1440.

[48]白学军．汉语阅读眼动控制：20年研究的总结[J]．心理发展与教育，2015，31(1)：85－91.

[49]LIU Y，YU L，FU L，et al. The effects of parafoveal word frequency and segmentation on saccade targeting during Chinese reading [J]. Psychonomic Bulletin and Review，2019，26(4)：1367－1376.

[50]YAN M，KLIEGL R. Carprice versus carprice：Word boundary ambiguity influences saccade target selection during the reading of Chinese sentences [J]. Journal of Experimental Psychology：Learning Memory and Cognition，2016，42(11)：1832－1838.

[51]白学军，闫国利．阅读心理学[M]．上海：华东师范大学出版社，2017：63－95.

[52]CUTTER M G，DRIEGHE D，LIVERSEDGE S P. Reading sentences of uniform word length：Evidence for the adaptation of the preferred saccade length during reading [J]. Journal of Experimental Psychology：Human Perception and Performance，2017，43(11)：1895－1911.

[53]孟红霞．中文阅读的眼跳目标选择机制[M]．广州：世界图书出版广东有限公司，2016：30－108.

[54]LIU Y，HUANG R，LI Y，et al. The word frequency effect on saccade targeting during Chinese reading：Evidence from a survival analysis of saccade length [J]. Frontiers in Psychology，2017，8(FEB).

[55]苏衡．中文阅读预视加工中的词频和预测性效应及其对词切分的启示：基于眼动的证据[J]．心理学报，2016，48(6)：625－636.

[56]WEI W，LI X，POLLATSEK A. Word properties of a fixated region affect outgoing saccade length in Chinese reading [J]. Vision Research，2013，80：1－6.

[57]臧传丽．中文词汇加工的若干效应：基于眼动研究的证据[J]．心理科学进展，2012，20 (9)：1382－1392.

[58]LIU Y，REICHLE E D，LI X. Parafoveal processing affects outgoing saccade length during the reading of Chinese [J]. Journal of Experimental Psychology：Learning Memory and Cognition，2015，41(4)：1229－1236.

[59]LIU Y, HUANG R, GAO D, et al. Further Tests of a Dynamic - Adjustment Account of Saccade Targeting During the Reading of Chinese [J]. Cognitive Science, 2017, 41: 1264 - 1287.

[60]闫国利，白学军. 眼动研究心理学导论[M]. 北京：科学出版社，2012：78 - 92.

[61]LIU Y, GUO S, YU L, et al. Word predictability affects saccade length in Chinese reading: An evaluation of the dynamic - adjustment model [J]. Psychonomic Bulletin and Review, 2018, 25(5): 1891 - 1899.

[62]LIU Y, REICHLE E D, LI X. The effect of word frequency and parafoveal preview on saccade length during the reading of Chinese [J]. Journal of Experimental Psychology: Human Perception and Performance, 2016, 42(7): 1008 - 1025.

[63]LECUN Y, BENGIO Y, HINTON G. Deep learning [J]. Nature, 2015, 521(7553): 436 - 444.

[64]KRIZHEVSKY A, SUTSKEVER I, HINTON G E. ImageNet classification with deep convolutional neural networks [J]. Communications of the ACM, 2017, 60(6): 84 - 90.

[65]COLLOBERT R, WESTON J, BOTTOU L, et al. Natural language processing (almost) from scratch [J]. Journal of Machine Learning Research, 2011, 12: 2493 - 2537.

[66]SILVER D, SCHRITTWIESER J, SIMONYAN K, et al. Mastering the game of Go without human knowledge [J]. Nature, 2017, 550 (7676): 354 - 359.

[67]BALOTA D A, YAP M J, HUTCHISON K A, et al. The English Lexicon Project [J]. Behavior Research Methods, 2007, 39(3): 445 - 459.

[68]王晓明，赵歆波. 阅读眼动追踪语料库的构建与应用研究综述[J]. 计算机科学，2020，47(3)：174 - 181.

[69]MANARIS B. Natural Language Processing: A Human - Computer Interaction Perspective [J]. Advances in Computers, 1998, 47(C): 1 - 66.

[70]宗成庆. 统计自然语言处理[M]. 北京：清华大学出版社，2013.

[71]YE Z X, LING Z H. Hybrid semi - Markov CRF for neural sequence

labeling[C]//ACL 2018 - 56th Annual Meeting of the Association for Computational Linguistics, Proceedings of the Conference (Long Papers). 2018, 2: 235 - 240.

[72]XUE N, SHEN L. Chinese word segmentation as LMR tagging[J]. Computational Linguistics, 2003: 176 - 179.

[73]MA X, HOVY E. End - to - end sequence labeling via bi - directional LSTM - CNNs - CRF[C]//54th Annual Meeting of the Association for Computational Linguistics, ACL 2016 - Long Papers. 2016, 2: 1064 - 1074.

[74]ZHENG X, CHEN H, XU T. Deep learning for Chinese word segmentation and POS tagging[C]//EMNLP 2013 - 2013 Conference on Empirical Methods in Natural Language Processing, Proceedings of the Conference. 2013: 647 - 657.

[75]SHEN Y, YUN H, LIPTON Z C, et al. Deep active learning for named entity recognition[C]//6th International Conference on Learning Representations, ICLR 2018 - Conference Track Proceedings. 2018: 252 - 256.

[76]CHIU J P C, NICHOLS E. Named Entity Recognition with Bidirectional LSTM - CNNs [J]. Transactions of the Association for Computational Linguistics, 2016, 4: 357 - 370.

[77]孟红霞. 中文阅读中注视位置效应研究[D]. 天津师范大学, 2012.

[78]KLAUDA S L, GUTHRIE J T. Relationships of Three Components of Reading Fluency to Reading Comprehension [J]. Journal of Educational Psychology, 2008, 100(2): 310 - 321.

[79]LUKE S G, CHRISTIANSON K. TheProvo Corpus: A large eye - tracking corpus with predictability norms [J]. Behavior Research Methods, 2018, 50(2): 826 - 833.

[80]COP U, DIRIX N, DRIEGHE D, et al. Presenting GECO: An eye tracking corpus of monolingual and bilingual sentence reading [J]. Behavior Research Methods, 2016, 49(2): 1 - 14.

[81]KENNEDY A, HILL R, PYNTE J. The Dundee Corpus [C]// Proceedings of the 12th European Conference on Eye Movement. Dundee, Scotland: Elsevier, 2003: 13 - 23.

[82]HORI G, KAMEOKA H, SAGAYAMA S. Input - output HMM applied to automatic arrangement for guitars [J]. Journal of Information Processing, 2013, 21(2): 264 - 271.

[83]FORNEY G D. The Viterbi Algorithm [J]. Proceedings of the IEEE, 1973, 61(3): 268 - 278.

[84]KAZAMA J, MIYAO Y, TSUJII J. A Maximum Entropy Tagging Model with Unsupervised Hidden Markov Models [J]. Journal of Natural Language Processing, 2004, 11(4): 3 - 23.

[85]SUTTON C, MCCALLUM A. An introduction to conditional random fields [J]. Foundations and Trends in Machine Learning, 2011, 4(4): 267 - 373.

[86]DYER C, BALLESTEROS M, LING W, et al. Transition - based dependency parsing with stack long short - term memory[C]//ACL - IJCNLP 2015 - 53rd Annual Meeting of the Association for Computational Linguistics and the 7th International Joint Conference on Natural Language Processing of the Asian Federation of Natural Language Processing, Proceedings of the Conference. 2015, 1: 334 - 343.

[87]GREFF K, SRIVASTAVA R K, KOUTNIK J, et al. LSTM: A Search Space Odyssey [J]. IEEE Transactions on Neural Networks and Learning Systems, 2017, 28(10): 2222 - 2232.

[88]SUN H, CHEN X, SHI Q, et al. Learning to Optimize: Training Deep Neural Networks for Interference Management [J]. IEEE Transactions on Signal Processing, 2018, 66(20): 5438 - 5453.

[89]GOLDBERG Y. Neural Network Methods for Natural Language Processing [J]. Synthesis Lectures on Human Language Technologies, 2017, 10(1): 1 - 311.

[90]PEDDINTI V, WANG Y, POVEY D, et al. Low Latency Acoustic Modeling Using Temporal Convolution and LSTMs [J]. IEEE Signal Processing Letters, 2018, 25(3): 373 - 377.

[91]PASCANU R, MIKOLOV T, BENGIO Y. On the difficulty of training recurrent neural networks[C]//30th International Conference

on Machine Learning, ICML 2013. 2013(PART 3): 2347 - 2355.

[92]FOR COMPUTING MACHINERY A, CHANDRA A K, KOZEN D C, et al. ADADELTA: An Adaptive Learning Rate Method[C]//Proceedings of ACL - IJNLP 2015.

[93]KINGMA D P, BA J L. Adam: A method for stochastic optimization [C]//3rd International Conference on Learning Representations, ICLR 2015 - Conference Track Proceedings. 2015.

[94]DAUPHIN Y N, DE VRIES H, BENGIO Y. Equilibrated adaptive learning rates for non - convex optimization[C]//Advances in Neural Information Processing Systems. 2015: 1504 - 1512.

[95]SRIVASTAVA N, HINTON G, KRIZHEVSKY A, et al. Dropout: A simple way to prevent neural networks from overfitting [J]. Journal of Machine Learning Research, 2014, 15: 1929 - 1958.

[96]CHURCH K W. Emerging Trends: Word2Vec [J]. Natural Language Engineering, 2017, 23(1): 155 - 162.

[97]ATHIWARATKUN B, WILSON A G, ANANDKUMAR A. Probabilistic fasttext for multi - sense word embeddings[C]//ACL 2018 - 56th Annual Meeting of the Association for Computational Linguistics, Proceedings of the Conference (Long Papers). 2018, 1: 1 - 11.

[98]PENNINGTON J, SOCHER R, MANNING C D. GloVe: Global vectors for word representation[C]//EMNLP 2014 - 2014 Conference on Empirical Methods in Natural Language Processing, Proceedings of the Conference. 2014: 1532 - 1543.

[99]KUSNER M J, SUN Y, KOLKIN N I, et al. From word embeddings to document distances[C]//32nd International Conference on Machine Learning, ICML 2015, 2: 957 - 966.

[100]SCHMIDHUBER J. Deep Learning in neural networks: An overview [J]. Neural Networks, 2015, 61: 85 - 117.

[101]VENKATESAN R, LI B, VENKATESAN R, et al. Convolutional Neural Networks [G]//Convolutional Neural Networks in Visual Computing. 2018: 89 - 116.

[102]GU J, WANG Z, KUEN J, et al. Recent advances in convolutional neural networks [J]. Pattern Recognition, 2018, 77: 354 - 377.

[103]MIKOLOV T, SUTSKEVER I, CHEN K, et al. Distributed representations ofwords and phrases and their compositionality[C]//Advances in Neural Information Processing Systems. 2013.

[104]HOU Y, LI Z, WANG P, et al. Skeleton Optical Spectra - Based Action Recognition Using Convolutional Neural Networks [J]. IEEE Transactions on Circuits and Systems for Video Technology, 2018, 28(3): 807 - 811.

[105]PHU V N, DAT N D, NGOC TRAN V T, et al. Fuzzy C - means for English sentiment classification in a distributed system [J]. Applied Intelligence, 2017, 46(3): 717 - 738.

[106]MNIH V, HEESS N, GRAVES A, et al. Recurrent models of visual attention[C]//Advances in Neural Information Processing Systems. 2014, 3: 2204 - 2212.

[107] BAHDANAU D, CHO K H, BENGIO Y. Neural machine translation by jointly learning to align and translate[C]//3rd International Conference on Learning Representations, ICLR 2015 - Conference Track Proceedings. 2015.

[108]VASWANI A, SHAZEER N, PARMAR N, et al. Attention is all you need[C]// Advances in Neural Information Processing Systems. 2017: 5999 - 6009.

[109]GRAVES A, JAITLY N. Towards end - to - end speech recognition with recurrent neural networks[C]//31st International Conference on Machine Learning, ICML, 2014, 5: 3771 - 3779.

[110]LIU R, CHENG S, MA L, et al. Deep Proximal Unrolling: Algorithmic Framework, Convergence Analysis and Applications [J]. IEEE Transactions on Image Processing, 2019, 28(10): 5013 - 5026.

[111]叶蜚声，徐通锵．语言学纲要[M]. 北京：北京大学出版社，1981.

[112]BARTON J J S, HANIF H M, EKLINDER BJÖRNSTRÖM L, et al. The word - length effect in reading: A review [J]. Cognitive Neu-

ropsychology, 2014, 31(5-6): 378-412.

[113]MELTON A W. Implications of short-term memory for a general theory of memory [J]. Journal of Verbal Learning and Verbal Behavior, 1963, 2(1): 1-21.

[114]CRAIK F I M, WATKINS M J. The role of rehearsal in short-term memory [J]. Journal of Verbal Learning and Verbal Behavior, 1973, 12(6): 599-607.

[115]FRISSON S, RAYNER K, PICKERING M J. Effects of contextual predictability and transitional probability on eye movements during reading [J]. Journal of Experimental Psychology: Learning Memory and Cognition, 2005, 31(5): 862-877.

[116]DAMBACHER M, KLIEGL R, HOFMANN M, et al. Frequency and predictability effects on event-related potentials during reading [J]. Brain Research, 2006, 1084(1): 89-103.

[117]BOBAK A K, PARRIS B A, GREGORY N J, et al. Eye-movement strategies in developmental prosopagnosia and "super" face recognition [J]. Quarterly Journal of Experimental Psychology, 2017, 70(2): 201-217.

[118]LI X, LIU P, RAYNER K. Saccade target selection in Chinese reading [J]. Psychonomic Bulletin and Review, 2015, 22(2): 524-530.

[119]KENNEDY A. Book Review: Eye Tracking: A Comprehensive Guide to Methods and Measures [J]. Quarterly Journal of Experimental Psychology, 2016, 69(3): 607-609.

[120]LUKE S G, CHRISTIANSON K. Limits on lexical prediction during reading [J]. Cognitive Psychology, 2016, 88: 22-60.

[121]NOTON D, STARK L. Scanpaths in eye movements during pattern perception [J]. Science, 1971, 171(3968): 308-311.

[122]KASPROWSKI P, OBER J. Eye movements in biometrics [J]. Lecture Notes in Computer Science (including subseries Lecture Notes in Artificial Intelligence and Lecture Notes in Bioinformatics), 2004, 3087: 248-258.

[123]KASPROWSKI R, DAVIS S. Taming the Electronic Tiger: Report on the 2004 ALA Midwinter Symposium on Electronic Resource Management [J]. Serials Review, 2004, 30(3): 239 - 248.

[124]HOLLAND C, KOMOGORTSEV O V. Biometric identification via eye movement scanpaths in reading [C]//2011 International Joint Conference on Biometrics, IJCB 2011. 2011.

[125] HOLLAND C D, KOMOGORTSEV O V. Complex eye movement pattern biometrics: Analyzing fixations and saccades[C]//Proceedings - 2013 International Conference on Biometrics, ICB 2013. 2013.

[126]RIGAS I, ECONOMOU G, FOTOPOULOS S. Biometric identification based on the eye movements and graph matching techniques [J]. Pattern Recognition Letters, 2012, 33(6): 786 - 792.

[127]CANTONI V, GALDI C, NAPPI M, et al. GANT: Gaze analysis technique for human identification [J]. Pattern Recognition, 2015, 48 (4): 1027 - 1038.

[128]ZHAO R, YAN R, CHEN Z, et al. Deep learning and its applications to machine health monitoring [J]. Mechanical Systems and Signal Processing, 2019, 115: 213 - 237.

[129]ZHAO P, ZHANG Y, WU M, et al. Adaptive Cost - Sensitive Online Classification [J]. IEEE Transactions on Knowledge and Data Engineering, 2019, 31(2): 214 - 228.

[130]SCHULTZ D, JAIN B. Nonsmooth analysis and subgradient methods for averaging in dynamic time warping spaces [J]. Pattern Recognition, 2018, 74: 340 - 358.

[131]Xiaoming Wang, Xinbo Zhao, Xia Meng. The Prediction Model of Saccade Target Based on LSTM - CRF for ChineseReading[C]// International Conference on Brain Inspired Cognitive Systems. Springer, Cham, 2018: 44 - 53.

[132]Xiaoming Wang, Xinbo Zhao, Jinchang Ren. A New Type of Eye Movement Model Based on Recurrent Neural Networks for Simulating the Gaze Behavior of HumanReading [J]. Complexity,

2019，2019(3)：1-12.

[133]王晓明，赵歆波．基于深度神经网络的个体阅读眼动预测[J]．清华大学学报(自然科学版)，2019，59(6)：468-475.

[134]MOOLAYIL J. Learn Keras for Deep Neural Networks [M]. Berkeley：Apress，2019.

[135]DAUPHIN Y N，DE VRIES H，BENGIO Y. Equilibrated adaptive learning rates for non-convex optimization[C]//Advances in Neural Information Processing Systems. 2015，2015-January：1504-1512.

[136]Huang M，Qian Q，Zhu X. Encoding syntactic knowledge in neural networks for sentiment classification [J]. ACM Transactions on Information Systems (TOIS)，2017，35(3)：1-27.

[137]Li G，Shen Y，Zhao P，et al. Detecting cyberattacks in industrial control systems using online learning algorithms [J]. Neurocomputing，2019，364：338-348.

附　录

表 1　本书实验的源代码和数据文件列表

文件名	文件类型	描述
Provo _ Corpus - Eyetracking _ Data (sub1 - 10). csv	csv 数据	Provo 语料库 1～10 号被试的数据
GECO _ Corpus - Eyetracking _ Data _ L2(sub1 - 9). csv	csv 数据	GECO 语料库二语者被试数据
crf. ipynb	python 源文件	对应 2. 6. 3
bilstm _ crf. ipynb	python 源文件	对应 3. 1 节
bilstm _ crf _ pretrained _ embeddings. ipynb	python 源文件	对应 3. 2 节
bilstm _ cnn _ dense. ipynb	python 源文件	对应 3. 2 节
cnn _ bilstm _ dense. ipynb	python 源文件	对应 3. 2 节
attention _ lstm. ipynb	python 源文件	对应 3. 3 节
lstm _ attension. ipynb	python 源文件	对应 3. 3 节
bilstm _ dense. ipynb	python 源文件	对应 3. 4 节
attension _ lstm _ wl. ipynb	python 源文件	对应 3. 6 节
lstm _ attension _ wl. ipynb	python 源文件	对应 3. 6 节
readership. ipynb	python 源文件	对应 5. 3 节
similarity _ distance _ 84. csv	csv 数据	5. 5. 4 中表 5 - 3 预测的注视序列与实际的注视相似性距离统计表（Provo 语料库）
similarity _ distance _ 19. csv	csv 数据	5. 5. 4 中表 5 - 4 预测的注视序列与实际的注视相似性距离统计表（GECO 语料库）

注：获取本书实验的源代码和数据文件请访问 https：//github. com/wxmgo/eye _ movement _ in _ reading/

表 2　Provo 眼动语料库变量和描述列表

变量名	描述
Participant _ ID	每个参与者的唯一 ID 号
Word _ Unique _ ID	数据集中每个单词的唯一 ID 号
Text _ ID	文本编号(第 1～55 段)
Word _ Number	单词在文本中的序号
Sentence _ Number	当前单词所在句子中的序号
Word _ In _ Sentence _ Number	当前单词在当前句子中的序号
Word	出现在屏幕上的词
Word _ Cleaned	去掉标点和大写的单词
Word _ Length	当前单词的长度，以字母计
Total _ Response _ Count	此单词标记的完成任务上提供的响应总数
Unique _ Count	此单词标记的完形填空任务上提供的唯一响应的总数
Orthographic Match	完形概率(Cloze probability)：与目标单词拼写匹配的应答比例(例如，target＝Bapple，response＝Bapple)
Ortho Match Model	与 Orthographic Match 指标相同，但该变量不是原始比例，而是由仅包含按单词随机截取的 logit 混合效果模型生成的拟合值。这些值与正交匹配($r=0.999$)相关，但不包括 0 或 1。此变量是为希望记录转换可预测性度量的用户提供的
Is Modal Response	目标词是最常见的响应(1)与否(0)
Modal Response	模态响应。如果 IsModalResponse 为 1，则这与单词相同。如果 IsModalResponse 为 0，则这是最频繁提供的响应
Modal Response Count	在完形填空过程中提供模态响应的次数的计数
Certainty	模态响应的完形概率。确定性＝Modal Response Coun t/ Response Count
POS _ CLAWS	目标词的词性标记(有关特定标记含义的详细信息，请参见 http：//ucrel. lancs. ac. uk/claws/)
Word _ Content _ Or _ Function	单词是内容词还是功能词

表 2(续)

变量名	描述
Word _ POS	词性，包括形容词、副词、文章、连词、限定词、存在词、不定式标记、否定词、名词、数词、介词、代词、动词
POS Match	使用单词“POS”(例如，target 和 response 都是名词)时，与目标词性相同的应答的比例
POS Match Model	与 POSMatch 相同，但该变量不是原始比例，而是 logit 混合效果模型生成的拟合值，该模型只包含按单词随机截取的值。这些值与 POSMatch ($r=0.999$)相关，但不包括 0 或 1。此变量是为希望记录转换可预测性度量的用户提供的
Inflection Match	与目的语(仅用于名词和动词)具有相同屈折变化(名词为数字，动词为时态)的应答的比例。例如，目的语和应答都是过去时态动词
Inflection Match Model	与屈折匹配相同，但该变量不是原始比例，而是由仅包含按单词随机截取的 logit 混合效果模型生成的拟合值。这些值与屈折匹配($r=0.999$)相关，但不包括 0 或 1。此变量是为希望记录转换可预测性度量的用户提供的
LSA _ Context _ Score	利用潜在语义分析(Landauer&Dumais)测量目标词与整个前一段上下文之间的语义关联
LSA _ Response _ Match _ Score	目标和所有提供的响应之间的平均 LSA 匹配分数。例如，使用成对 LSA 将目标 bcart 与完形填空过程中提供的响应进行比较
IA _ ID	文本中每个兴趣区域的标识号。请注意，由于输入错误和文本解析错误，此数字可能与单词数不对应
IA _ LABEL	兴趣区域中包含的字符串(带标点符号)
TRIAL _ INDEX	给定参与者在实验中呈现文本的顺序
IA _ LEFT	兴趣区域的左边界，以屏幕左侧的像素为单位
IA _ RIGHT	兴趣区域的右边界，以屏幕左侧的像素为单位
IA _ TOP	兴趣区域的顶部边界，以屏幕顶部的像素为单位
IA _ BOTTOM	兴趣区域的底部边界，以屏幕顶部的像素为单位
IA _ AREA	兴趣区域的屏幕总面积(像素)

表 2(续)

变量名	描述
IA _ FIRST _ FIXATION _ DURATION	第一次注视持续时间：第一次注视兴趣区域的持续时间，以毫秒为单位
IA _ FIRST _ FIXATION _ INDEX	当前兴趣区域内第一次注视的顺序
IA _ FIRST _ FIXATION _ VISITED _ IA _ COUNT	首次确定当前兴趣区之前访问的兴趣区数
IA _ FIRST _ FIXATION _ X	当前兴趣区域内第一个注视事件的 X 位置，以像素为单位
IA _ FIRST _ FIXATION _ Y	当前兴趣区域内第一个注视事件的 Y 位置，以像素为单位
IA _ FIRST _ FIX _ PROGRESSIVE	检查在第一个注视点进入当前兴趣区域之前是否访问过以后的兴趣区域。如果在当前兴趣区域的第一次注视之前早期注视中没有较高的 IA ID，则为 1；否则为 0。此度量在读取检查此兴趣区域中的第一次注视是否实际上是第一次通过的注视时非常有用。
IA _ FIRST _ FIXATION _ RUN _ INDEX	这将计算在对兴趣区域进行第一次注视时发生了多少次注视。当前注视也包括在计数中。第一次注视时间
IA _ FIRST _ RUN _ DWELL _ TIME	凝视持续时间：当前兴趣区域内第一次跑步的停留时间(即所有注视点的持续时间总和)
IA _ FIRST _ RUN _ FIXATION _ COUNT	在当前兴趣区的第一轮试验中，所有注视的数量
IA _ FIRST _ RUN _ START _ TIME	当前兴趣区域中第一次注视的开始时间
IA _ FIRST _ RUN _ END _ TIME	当前兴趣区域中第一次注视的结束时间
IA _ FIRST _ RUN _ FIXATION _ %	在当前兴趣区的第一轮试验中，所有注视的百分比
IA _ DWELL _ TIME	总阅读时间：当前兴趣区域的停留时间(即所有注视点的持续时间总和)
IA _ FIXATION _ COUNT	利息区注视资产总额
IA _ RUN _ COUNT	进入和离开兴趣区的次数(次)
IA _ SKIP	如果在第一遍阅读中没有出现注视，则认为兴趣区被跳过(即 IA _ SKIP＝1)

表 2(续)

变量名	描述
IA _ REGRESSION _ IN	当前兴趣区域是否至少收到 1 个来自后面兴趣区域的回归(例如，句子的后面部分)。1 如果兴趣区域是从较高的 IA U ID(英语从右侧)输入的，则为 0；否则为 0
IA _ REGRESSION _ IN _ COUNT	从较高的 IA U ID(从右侧的英文)输入兴趣区的次数
IA _ REGRESSION _ OUT	是否在将当前兴趣区域向前移动之前从当前兴趣区域回归到先前的兴趣区域(例如，句子的前面部分)。1 如果扫瞄在当前兴趣区域被注视之前退出当前兴趣区域到较低的 IAIID(以英语为左侧)；如果不是，则 0
IA _ REGRESSION _ OUT _ COUNT	在更高的 IAIIID 被注视在试验中之前，兴趣区域被退出到较低的 IAIID(左侧为英文)
IA _ REGRESSION _ OUT _ FULL	是否从当前兴趣区域回归到早期兴趣区域(如句子的前一部分)。1 如果扫视从当前兴趣区域退出到较低的 IAIID(以英语为左侧)；如果不是，则为 0。请注意，IA _ REGRESSION _ OUT 只考虑一次回归，而 IA _ REGRESSION _ OUT _ FULL 则考虑所有回归，无论是否访问过后期的兴趣区域
IA _ REGRESSION _ OUT _ FULL _ COUNT	兴趣区域退出到较低的 IAIID(左侧为英文)
IA _ REGRESSION _ PATH _ DURATION	过去时间：从当前兴趣区域第一次被注视到眼睛进入眼跳幅度较高的兴趣区域的总注视时间
IA _ FIRST _ SACCADE _ ANGLE	水平面与进入当前兴趣区域的第一个眼跳方向之间的角度
IA _ FIRST _ SACCADE _ START _ TIME	第一次降落在当前兴趣区域内的扫视开始时间
IA _ FIRST _ SACCADE _ END _ TIME	在当前兴趣区域内首次降落的扫视的结束时间

注：变量名描述仅供参考，原始描述见相关参考文献

表 3　GECO 眼动语料库变量和描述列表

变量名	描述
PP _ NR	参与者的标识号
GROUP	表明参与者属于非平衡双语(双语)或单语组(单语)的因素
LANGUAGE _ RANK	表示参与者是用第一语言(L1)还是第二语言(L2)阅读这一部分的因素
LANGUAGE	表示当前部分的阅读语言的因素("荷兰语"或"英语")
PART	小说部分的编号
TRIAL	试验的次数
TRIAL _ FIXATION _ COUNT	当前试验中注视的总数
TRIAL _ TOTAL _ READING _ TIME	当前试验中所有注视时间的总和
WORD _ ID _ WITHIN _ TRIAL	试验中单词的时间顺序标识号
WORD _ ID	单词的标识号。第一个数字是指小说的一部分(1、2、3 或 4),第二个数字是指线索号码,最后一个数字是指审判范围内的字号
WORD	当前兴趣区域中包含的单词
WORD _ AVERAGE _ FIX _ PUPIL _ SIZE	当前单词中所有注视区域的平均瞳孔大小
WORD _ FIXATION _ COUNT	全神贯注于当前单词
WORD _ FIXATION _ %	在一次试验中所有定语的百分比落在当前单词中
WORD _ RUN _ COUNT	当前单词被注视和离开的次数
WORD _ FIRST _ RUN _ START _ TIME	当前单词中第一次注视的开始时间
WORD _ FIRST _ RUN _ END _ TIME	当前单词中第一次注视的结束时间
WORD _ FIRST _ RUN _ FIXATION _ COUNT	在当前单词的第一次注视中,在一个测试中出现的所有注视的数目
WORD _ FIRST _ RUN _ FIXATION _ %	在当前单词的第一次注视中,测试中所有注视内容的百分比
WORD _ GAZE _ DURATION	当前单词中第一次注视的所有注视持续时间的总和

表 3(续)

变量名	描述
WORD _ SECOND _ RUN _ START _ TIME	当前单词中第二次注视的开始时间
WORD _ SECOND _ RUN _ END _ TIME	当前单词中第二次注视的结束时间
WORD _ SECOND _ RUN _ FIXATION _ COUNT	在当前单词的第二轮测试中出现的所有定语的数目
WORD _ SECOND _ RUN _ FIXATION _ %	在当前单词的第二轮测试中所有定语的百分比
WORD _ SECOND _ RUN _ DWELL _ TIME	当前单词中第二次注视的所有注视持续时间的总和
WORD _ THIRD _ RUN _ START _ TIME	当前单词中第三次注视的开始时间
WORD _ THIRD _ RUN _ END _ TIME	当前单词中第三次注视的结束时间
WORD _ THIRD _ RUN _ FIXATION _ %	在当前单词的第三轮测试中，所有定语的百分比
WORD _ THIRD _ RUN _ DWELL _ TIME	当前单词中第三次注视的所有注视持续时间的总和
WORD _ FIRST _ FIXATION _ DURATION	当前单词中第一次注视的持续时间
WORD _ FIRST _ FIXATION _ INDEX	当前单词中第一次注视的顺序
WORD _ FIRST _ FIXATION _ RUN _ INDEX	当对当前单词进行第一次注视时，已发生的注视次数。当前注视包含在计数中
WORD _ FIRST _ FIXATION _ TIME	输入当前单词的第一个注视开始时间
WORD _ FIRST _ FIXATION _ VISITED _ WORD _ COUNT	在第一次注视到当前单词之前访问的不同单词的数目
WORD _ FIRST _ FIXATION _ X	当前单词中第一个注视的水平坐标位置
WORD _ FIRST _ FIXATION _ Y	当前单词中第一个注视的垂直坐标位置
WORD _ FIRST _ FIX _ PROGRESSIVE	表示在第一个注视词进入当前词之前是否访问过后面的词(“0”)的因子(“1”)
WORD _ SECOND _ FIXATION _ DURATION	当前单词中第二次注视的持续时间

表 3(续)

变量名	描述
WORD_SECOND_FIXATION_RUN	当前单词中第二个注视词的索引
WORD_SECOND_FIXATION_TIME	当前单词第二次注视的时间。
WORD_SECOND_FIXATION_X	当前单词中第二个注视的水平坐标位置
WORD_SECOND_FIXATION_Y	当前单词内第二个注视的垂直坐标位置
WORD_THIRD_FIXATION_DURATION	在当前单词中第三次注视的持续时间
WORD_THIRD_FIXATION_RUN	当前单词中第三个注视词的索引
WORD_THIRD_FIXATION_TIME	在当前单词中第三次注视的时间，不考虑 run
WORD_THIRD_FIXATION_X	当前单词中第三个注视的水平坐标位置
WORD_THIRD_FIXATION_Y	当前单词中第三个注视的垂直坐标位置
WORD_LAST_FIXATION_DURATION	当前单词中最后一次注视的持续时间
WORD_LAST_FIXATION_TIME	当前单词中最后一次注视的时间，不考虑 run
WORD_LAST_FIXATION_X	当前单词内最后一次注视的水平坐标位置
WORD_LAST_FIXATION_Y	当前单词内最后一次注视的垂直坐标位置
WORD_GO_PAST_TIME	从当前单词第一次被注视到眼睛输入具有更高单词识别号的单词的所有注视持续时间的总和
WORD_SELECTIVE_GO_PAST_TIME	当前单词中所有注视持续时间的总和，从当前单词第一次注视到眼睛输入具有更高单词标识号的单词
WORD_TOTAL_READING_TIME	当前单词中所有注视持续时间的总和
WORD_TOTAL_READING_TIME_%	在当前单词中花费的试用时间百分比
WORD_SPILLOVER	在第一遍中离开当前单词后在下一个单词中进行的第一次注视的持续时间
WORD_SKIP	如果在第一遍阅读中没有注视，则认为单词被跳过(即单词_SKIP=1)

注：变量名描述仅供参考，原始描述见相关参考文献

表 4 Dundee 眼动语料库变量和描述列表

变量名	描述
PP _ NR	参与者的标识号
GROUP	表明参与者属于非平衡双语(双语)或单语组(单语)的因素
NOUNS	这部小说的每一个名词都在一行上
SENTENCE	这部小说的每一句话都用单独的一行
WORD _ ID	单词的标识号。第一个数字是指小说的一部分(1、2、3 或 4)，第二个数字是指线索号码，最后一个数字是指庭审中的字号
SENTENCE _ ID	句子的识别号。第一个数字是指小说的一部分(1，2，3 或 4)，第二个数字是指小说中的句子数
CHRON _ ID	当前单词的时间顺序标识号
WORD	当前兴趣区域中包含的单词
PART _ OF _ SPEECH	当前单词在句子上下文中的句法功能
CONTENT _ WORD	表示当前单词是内容词(“1”)还是功能词(“0”)的因子
WORD _ LENGTH	当前单词的字符数
AGE	参与者年龄(年)
SEX	参与者性别(“f”=女性，“m”=男性)
AOA _ ENG	英语习得年龄或单语为零
%EXP _ DUTCH	每日接触荷兰语的百分比
%EXP _ ENG	每天接触英语的百分比
LEXTALE _ DUTCH	荷兰语 LTEXAL(高级英语学习者词汇测试；勒姆席费尔和布罗斯玛，2012)，单语动词
LEXTALE _ ENG	英语高级考试(英语高级词汇测试；勒姆席费尔和布罗斯玛，2012)
SPELLING _ DUTCH	荷兰拼写测验的百分比分数(GL&SCHR；De Pessemier&Andries，2009)
SPELLING _ ENG	英语拼写测试的百分比分数(WRAT4；Dell、Harrold 和 Dell，2008)

表 4(续)

变量名	描述
COMPR _ DUTCH	小说荷兰语章节的多项选择题得分
COMPR _ ENG	小说英文章节的多项选择题的百分比分数
LEX _ DEC _ ACC _ DUTCH	荷兰语词汇决策任务的准确率的百分比得分的字线索，纠正假阳性
LEX _ DEC _ ACC _ ENG	英语词汇决策任务的准确率的百分比得分的字线索，纠正假阳性
IA _ AREA	单词周围当前兴趣区域的大小(像素)
IA _ TOP	当前兴趣区域在单词周围的顶部像素位置
IA _ BOTTOM	当前兴趣区域在单词周围的底部像素位置
IA _ LEFT	当前兴趣区域在单词周围的左侧像素位置
IA _ RIGHT	当前兴趣区域在单词周围的右侧像素位置
IDENTICAL _ COGNATE	表示当前单词在另一种语言中是否有相同同源词(“1”)的因子(“0”)
CORR _ LEVENSHTEIN	当前单词与其在另一种语言中的翻译对等词之间经过校正的 levenshtein 距离
IA _ FIRST _ FIXATION _ DURATION	第一次注视持续时间：第一次注视兴趣区域的持续时间，以毫秒为单位
IA _ FIRST _ FIXATION _ INDEX	当前兴趣区域内第一次注视的顺序
IA _ FIRST _ FIXATION _ VISITED _ IA _ COUNT	首次确定当前兴趣区之前访问的兴趣区数
IA _ FIRST _ FIXATION _ X	当前兴趣区域内第一个注视事件的 X 位置，以像素为单位
IA _ FIRST _ FIXATION _ Y	当前兴趣区域内第一个注视事件的 Y 位置，以像素为单位
IA _ FIRST _ FIX _ PROGRESSIVE	检查在第一个注视点进入当前兴趣区域之前是否访问过以后的兴趣区域。如果在当前兴趣区域的第一次注视之前早期注视中没有较高的 IA ID，则为 1，否则为 0。此度量在读取检查此兴趣区域中的第一次注视是否实际上是第一次通过的注视时非常有用

表 4(续)

变量名	描述
IA _ FIRST _ FIXATION _ RUN _ INDEX	这将计算在对兴趣区域进行第一次注视时发生了多少次注视。当前注视也包括在计数中。第一次注视时间
IA _ FIRST _ RUN _ DWELL _ TIME	凝视持续时间：当前兴趣区域内第一次跑步的停留时间(即所有注视点的持续时间总和)
IA _ FIRST _ RUN _ FIXATION _ COUNT	在当前兴趣区的第一轮试验中，所有注视装置的数量
IA _ FIRST _ RUN _ START _ TIME	当前兴趣区域中第一次注视的开始时间
IA _ FIRST _ RUN _ END _ TIME	当前兴趣区域中第一次注视的结束时间

注：变量名描述仅供参考，原始描述见相关参考文献